Das Einmaleins der HufPflege

Renate Ettl

DAS EINMALEINS DER HUFPFLEGE

Hufe natürlich pflegen,
Krankheiten vorbeugen und erkennen

Kosmos

Mit 21 Farbfotos von Renate Ettl, Otzing (S. 17, S. 18 oben, S. 35 unten li., S. 35 unten re., S. 36 oben li., S. 36 oben re., S. 53, S. 71, S. 72 unten li.), Cornelia Koller, Lüllau (S. 35 oben, S. 72 unten re.), Dagmar Kucher, Naurath/Wald (S. 72 oben li., S. 72 oben re.), Lothar Lenz, Cochem (S. 18 unten, S. 54), Edgar Schöpal, Düsseldorf (S. 36 unten) sowie 66 s/w-lllustrationen von Silke Ehrenberger, Dossenheim.

Umschlaggestaltung von Atelier Reichert, Stuttgart, unter Verwendung von Fotos von Renate Ettl, Otzing.

Die Deutsche Bibliothek – CIP-Einheitsaufnahme

Ettl, Renate :
Das Einmaleins der Hufpflege : Hufe natürlich pflegen, Krankheiten vorbeugen und erkennen / Renate Ettl. – Stuttgart : Kosmos, 1997
ISBN 3-440-07272-X

Informationen senden wir Ihnen gerne zu

Bücher · Kalender · Spiele
Experimentierkästen · CDs · Videos
Seminare

Natur · Garten & Zimmerpflanzen ·
Heimtiere · Pferde & Reiten ·
Astronomie · Angeln & Jagd ·
Eisenbahn & Nutzfahrzeuge ·
Kinder & Jugend

KOSMOS

Postfach 10 60 11
D-70049 Stuttgart
TELEFON +49 (0)711-2191-0
FAX +49 (0)711-2191-422
WEB www.kosmos.de
E-MAIL info@kosmos.de

Kosmos Verlag Mitglied in der

Deutsche Vereinigung zum Schutz des Pferdes e.V.
Wienkamp 11 rechts
46354 Südlohn

© 1997, Franckh-Kosmos Verlags-GmbH & Co., Stuttgart
Alle Rechte vorbehalten
ISBN 3-440-07272-X
Printed in Germany/Imprimé en Allemagne
Satz: TypoDesign, Würzburg
Druck und Binden: Huber KG, Dießen

Das Einmaleins der Hufpflege

Vorwort

In einer Zeit, in der die Pferdepopulation so extrem zugenommen hat, ist es notwendig, den Freunden dieser Tiere mit Rat und Tat zur Seite zu stehen. Und gerade dieses Buch kann einen erheblichen Teil dazu beitragen, Informationen zu geben und Klarheit darüber zu schaffen, was man unter richtiger Hufpflege zu verstehen hat. Zuviel Unsinn wird heutzutage mit den Pferden getrieben, gerade in dem so sensiblen Bereich der Pferdehufe. Um so besser ist es, wenn jemand wie die Autorin ein komplexes und auch umstrittenes Thema sachlich und eindrucksvoll mit viel Fachkenntnis angeht. Dies ist ihr in besonderer Weise im Bereich des Hufbeschlags gelungen. Hier wird deutlich gemacht, daß die Pferdebesitzer dazu erzogen werden müssen, ein »kritisches Auge« zu bekommen, um unsachgemäße Arbeit an ihren Pferden erkennen zu können. Denn eines ist klar: Gute Hufschmiede gibt es ausreichend, leider aber auch zu viele schlechte. Ich freue mich sehr, daß dieses Buch veröffentlicht wurde, ist es doch ein »Muß« für jeden Pferdebesitzer oder für solche, die es werden möchten. Der Autorin wünsche ich den Erfolg, den sie mit diesem Band verdient hat.

Willie Ostiadal
Hufschmied

Einleitung

Der Lebensraum, die Nutzung und die Zucht des Pferdes sind während der letzten Jahrzehnte zum Teil extremen Veränderungen unterworfen gewesen. Vom wildlebenden Steppentier ist es zum Haustier geworden, das nun überwiegend in Stallungen lebt, oftmals auch getrennt von seinen Artgenossen. Das Pferd hat sich diesen Wandel nicht etwa selbst ausgesucht, vielmehr hat der Mensch erkannt, wie nützlich ihm das Pferd in vielen Bereichen sein konnte. Es wurde als Schlachtroß, Lastentier oder

Noch vor 50 Jahren mußte das Pferd den Pflug über die Äcker ziehen.

Zugpferd gebraucht und letztendlich auch als Sportgerät und Freizeitkamerad. Möglich war die vielseitige Nutzung, weil sich das Pferd leicht zähmen und züchten ließ. Seine naturgegebene Unterwürfigkeit war einer der ausschlaggebenden Gründe für die Domestizierung des Pferdes.

Mit Hilfe des Pferdes wurden Kontinente erobert, neues Land entdeckt und dabei die Entwicklungsgeschichte des Menschen schneller vorangetrieben. An der zunehmenden Technisierung war auch das Pferd nicht unbeteiligt. Damit grub es sich aber das Wasser praktisch selber ab, denn mit der Erfindung von Benzinmotoren hatte das Pferd als Ar-

beitstier und »Zugmaschine« nahezu ausgedient. Es wäre dem Menschen auch gleichgültig gewesen, wenn das Pferd – nun, da er es nicht mehr benötigte – ausgerottet worden wäre, hätte er es nicht als Sport- und Freizeitkameraden wiederentdeckt.

Jetzt aber mußte es andere Forderungen erfüllen. Es war nicht mehr der schwere, kraftvolle Kaltbluttyp gefragt, den man noch schätzte, als man das Tier vor den Pflug spannte, sondern ein edles, geschmeidiges und athletisches Reittier, das in der Lage war, hohe Hindernisse zu springen oder beim Rennen gegen seine Artgenossen die Nase vorn zu haben.

Schnell hatte der Mensch gelernt, spezifische Fähigkeiten des Pferdes innerhalb kurzer Zeit so herauszuzüchten, daß es annähernd seinen Idealvorstellungen entsprach. Auch heute hat man bestimmte Zuchtziele vor Augen, die das Pferd in erster Linie für den Einsatz im Sportbereich tauglich machen. Der Zuchtgedanke änderte sich so schnell wie die Nutzung des Pferdes innerhalb der Entwicklungsgeschichte.

Es ist fast ein Wunder, daß man es zustande gebracht hat, innerhalb so weniger Generationen Pferde verschiedener Rassen zu züchten, die den Wunschvorstellungen des Menschen nahezu entsprechen. Nahezu! Denn nicht selten klagen die Pferdebesitzer über zu sensible, überreagierende, sture oder für Krankheiten anfällige Pferde. Das wollte man doch eigentlich nicht. Es scheint so, als ob der Mensch durch seine Bestrebungen, über eine forcierte Zucht seinen Idealvorstellungen von einem perfekten Pferd so nahe wie möglich zu kommen, bestimmte Kompromisse eingehen mußte. Man hatte eben nicht die Zeit, so lange zu warten, bis sich das Pferd an die veränderten Bedingungen

Zurück zur Natur

Die Evolution ist danach ausgerichtet, daß nur Tiere überleben, die den veränderten Umweltbedingungen optimal angepaßt worden sind. Die Natur nimmt sich Jahrtausende Zeit, damit sich die Tiere entsprechend entwickeln und so ihre Art erhalten können.

Wenn der Mensch der Natur vorgreift und sich in die Entwicklung des Pferdes durch züchterische Maßnahmen einmischt, hat er die Verantwortung, nur Pferde zur Zucht einzusetzen, die am besten angepaßt sind. Mit einzubeziehen in diese Überlegung ist auch die Qualität der Hufe, denn gerade der Huf eines Sport- und Freizeitpferdes muß mit härterem Geläuf und größerer Belastung fertig werden, als ein Wildpferd es je mußte.

Selbst die Pflege des Hufs sollte zu natürlichen Aspekten zurückfinden. Die Tendenz muß dahin gehen, das Hufhorn auf natürliche Weise den Beanspruchungen der heutigen Anforderungen an ein gutes Sport- und Freizeitpferd anzupassen und nicht die Mängel eines Hufs zu kaschieren, indem man versucht, sie mit künstlichen Mittelchen oder technischem Know-how zu übertünchen.

langsam angepaßt hatte, die Entwicklung ist hierfür viel zu schnell fortgeschritten.

Das Pferd mußte noch vor 50 Jahren den Pflug über die Äcker ziehen, und obwohl es auch damals schon leichtere Reitpferde gab, ist die Entwicklungszeit in den Augen der Evolution vom damaligen Pferdetyp bis zum heutigen Sportcrack, der vorwiegend hohe Hindernisse springen oder schnelle Rennen laufen soll, kürzer als ein schneller Wimpernschlag. Die Entwicklung des Pferdes vom *Hyracotherium* (allgemein unter dem Namen *Eohippus* bekannt), einem 25 bis 50 Zentimeter großen, mehrzehigen Pflanzenfresser, bis zum Urwildpferd *(Przewalskipferd)* dauerte circa 50 Millionen Jahre. Durch die Zucht des Menschen entstand das moderne Warm-

Die Entwicklung des Pferdes vom Eohippus zum Equus dauerte etwa 50 Millionen Jahre.

blutpferd in weniger als 4000 Jahren, wenn man die Zuchtgeschichte ab der Domestizierung des Pferdes rechnet. Das Warmblutpferd in seiner heutigen Form war damals aber noch längst nicht das erwünschte Zuchtziel.

Es wird klar, daß dieser hastige Versuch, die Entwicklungsgeschichte für die Belange der Menschheit voranzutreiben, von Fehlschlägen geprägt sein muß. Auf der Strecke geblieben sind all die Eigenschaften, denen man bei der Zuchtauswahl nicht genügend Beachtung geschenkt hat. Hierzu gehören häufig charakterliche Anlagen, aber auch die Qualität der Hufe. Dies ist ein Grund, weshalb so viele Pferdebesitzer über brüchige, rissige oder spröde Hufe ihrer vierbeinigen Lieblinge klagen. Die Sünden der züchterischen Vergangenheit versucht man jetzt mit neuartigen Hufschutzmaßnahmen, Fütterungszusätzen oder Pflegemitteln zu kitten, was leider häufig nur unzureichend gelingt.

Eohippus   Merychippus   Equus

Das bedeutet aber keineswegs, daß es sinnlos ist, sich um desolate Hufe zu kümmern, denn vielfach spielen auch andere Komponenten eine wichtige Rolle, die die Hufe in Mitleidenschaft gezogen haben.

Gesunde Hufe sind möglich, wenn der Mensch lernt, sich die Natur wieder verstärkt zum Vorbild zu nehmen, sowohl in seinem Bestreben, zukünftig Pferde zu züchten, die seinen Vorstellungen entsprechen, als auch in der Haltung und Pflege seines heutigen vierbeinigen Freizeit- und Sportkameraden und damit auch bei der Pflege des Hufs. Deshalb ist auch die Pflege des Barhufes das Schwerpunktthema in diesem Buch.

Mit dem Huf steht und fällt das Pferd – im wahrsten Sinne des Wortes. Nur ein Pferd mit gesunden und leistungsfähigen Hufen ist als Reit- und Fahrtier einsatzfähig. Sobald auch nur ein Huf erkrankt ist, taugt das ganze Pferd nichts mehr. Das gilt gleichermaßen für das Hochleistungssportpferd wie für das Spazierreitpferd.

Hufe – die Zehenspitzen der Pferde

Anatomie und Funktion

Um es gleich vorweg zu sagen: Der Huf ist ein recht kompliziertes Gebilde. Das Wissen um die Anatomie und Funktion des Hufs ist jedoch notwendig, wenn man dem Huf die richtige Pflege zukommen lassen und ihn somit gesund erhalten will. In gewisser Weise weicht jeder Huf von einem anderen etwas ab, ob in der Form oder in der Hornqualität. Deshalb wird man um eine individuelle Pflege nicht herumkommen. Wie in der Pferdeausbildung gibt es auch hier kein Allheilmittel oder alleingültiges Rezept. Die sinnvolle Pflege kann nur aus dem Wissen entstehen, wie der Huf arbeitet und was er für eine gesunde Funktion benötigt.

Das Pferd – ein Zehenspitzengänger

Bei allen Säugetierarten sind ursprünglich fünfzehige Extremitäten ausgebildet. Das Pferd ist das Endprodukt einer Zehenrückbildung, die im Laufe von Jahrmillionen stattgefunden hat. Die fossilen Funde der Vorfahren des heutigen Pferdes sind zwar lückenhaft, doch trifft die ehemalige Fünfzehigkeit mit Sicherheit auch beim Urahn des Pferdes zu. Der vor etwa 50 Millionen Jahren

lebende *Hyracotherium* oder *Eohippus* wurde als der bislang älteste Urahn des Pferdes erkannt. *Eohippus* hatte an den Vorderbeinen noch vier Zehen, die Hinterbeine waren mit drei Zehen ausgestattet.

Über verschiedene Zwischenstufen konnte sich ein Zweig zum Einhufer entwickeln. Dabei wurde aus dem Laubfresser ein Grasfresser und das Gebiß einer entscheidenden Evolution unterworfen. Viele weitere Arten behaupteten sich einige Millionen Jahre, starben aber meist wieder aus. Die Entwicklung der Einhufigkeit des Pferdes war aber keineswegs ein kontinuierlicher Vorgang. *Eohippus* – ein kleiner Waldbewohner – veränderte seine Anatomie über Millionen Jahre hinweg kaum. *Eohippus* war den Umweltbedingungen bereits so perfekt angepaßt, daß eine Weiterentwicklung nicht notwendig war.

Der kleine Waldbewohner – man staune! – war nahezu so schnell wie das Wildpferd von heute. Dabei sind die Überlegungen doch immer dahin gegangen, daß die Entwicklung zur Einze-

Rechts oben: Die Vorfahren des heutigen Pferdes liefen auf drei Zehen. Der Eohippus hatte an den Vorderbeinen sogar noch vier Zehen ausgebildet.

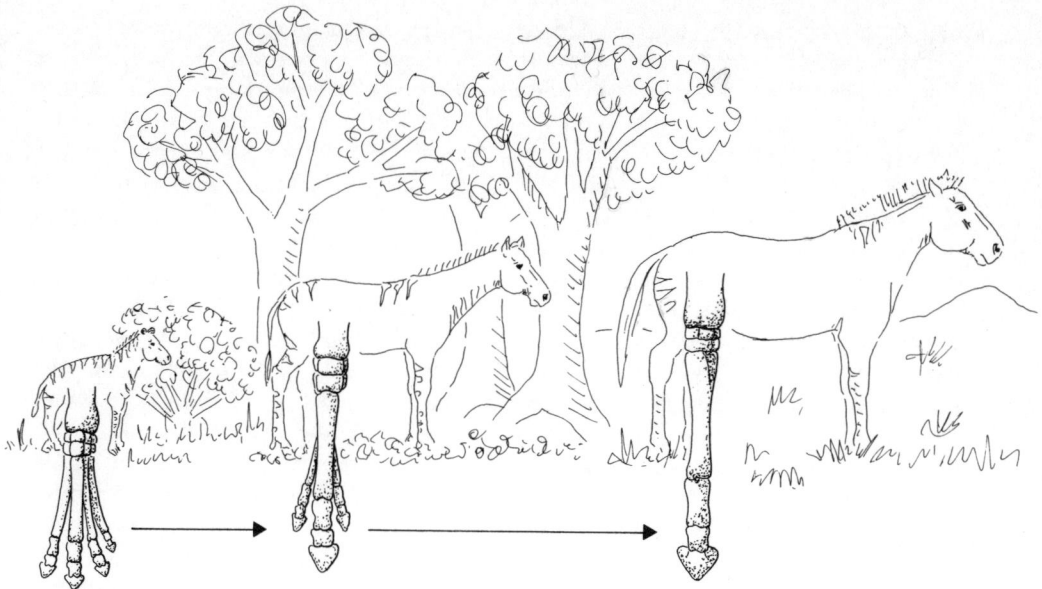

Ein wenig Mathematik

Wenn *Eohippus* nahezu so schnell war wie ein heutiges Wildpferd, weshalb veränderte sich das Pferd zum Einhufer und auch sonst in seinen Proportionen? Würde man ein durchschnittlich 35 Zentimeter großes Urpferdchen viermal – auf 140 Zentimeter – vergrößern, würde es unter seiner Last zusammenbrechen. Es könnte garantiert nicht schneller laufen, vielmehr würde es sich beim ersten Galoppversuch wohl die Beine brechen.

Das liegt daran, daß sich das Gewicht bei der vierfachen Höhe um das 64fache steigern würde. Die Größe ist nur die vierfache ursprüngliche Länge nach oben, deshalb wird 4 × 35 cm gerechnet, es bleibt also der Faktor 4. Das »neue« Gewicht ergibt sich aus dem Kubikvolumen, also 4 × 4 × 4 = 64. Das Gewicht muß also mit dem Faktor 64 berechnet werden. Die Stärke der Knochen würde sich um das 16fache steigern: 4 × 4 = 16, weil die Stärke von der Querschnittsfläche bestimmt wird.

Ein Pferd, das seine Knochenstärke nur um das 16fache steigert, das Gewicht aber um das 64fache, wäre sicher zu schwach, um diese Last erfolgreich durchs Leben zu tragen. Deshalb mußte die Entwicklung anders ablaufen, und die Gliedmaßen mußten effizienter ausgebildet werden, wenn das Pferd an Größe (und damit um ein Vielfaches an Gewicht) zunahm.

higkeit zum Ziel hatte, das Tier schneller zu machen, damit es eine größere Chance bekommt, vor seinen Feinden zu fliehen und damit letztendlich die Erhaltung der Art sicherzustellen. Das Urpferd war aber schon schnell genug, weil es auch mit nunmehr drei Zehen fast nur noch auf der Zehenspitze lief (lediglich der Ballen nahm noch zusätzlich Gewicht auf), aber nicht mehr auf der ganzen Sohle. Der Grund für die Einzehigkeit mußte woanders liegen: Klimatische Veränderungen, die zur Folge hatten, daß Wälder immer spärlicher wurden – es taten sich mehr und mehr Grassteppen hervor –, zwangen das Tier, sich vom Laub- zum Grasfresser zu entwickeln.

Auf Grasebenen war die Kleinwüchsigkeit kein Vorteil, weil das Tier nicht durch dichtes Gestrüpp und Unterholz schlüpfen mußte, sondern eher sogar von Nachteil, weil größere Tiere ein weiteres Gesichtsfeld haben als bodennah lebende. Damit können vermeintliche Feinde vorzeitiger gesehen werden.

Der erste echte Einzeher war der *Pliohippus,* die Entwicklung vom dreizehigen Pferdchen zum Einhufer vollzog sich vor etwa zwei bis drei Millionen Jahren. Die Größe dieser Equiden erreichte mit 110 Zentimetern bereits Ponymaß. Der mittlere Zeh entwickelte sich als der stärkste immer besser, so daß die äußeren Zehen mehr und mehr verkümmerten. Die Mittelzehe wurde größer, und es bildete sich ein kompliziertes Sehnengeflecht, das den Huf stabilisierte. Überbleibsel einer verkümmerten Zehe ist das heutige Griffelbein des Pferdes, das nun keinerlei Funktion mehr hat. Der Grund für diesen evolutionären Schritt war wohl, daß sich die

beiden »Anhangszehen« als sehr verletzungsanfällig erwiesen. Sie hatten kaum Gewicht zu tragen, denn das Gesamtgewicht wurde schon sehr früh überwiegend vom mittleren Zeh aufgenommen. Die verkümmerten Zehen waren deshalb nicht sonderlich stabil und bildeten sich somit zurück.

Als »Einzehenspitzengänger« trägt das Pferd auf einer relativ kleinen Fläche, die die Hufsohle darstellt, ein sehr hohes Gewicht. Es ist deshalb auch nicht verwunderlich, daß ein kompliziertes Gebilde notwendig ist, um einen tragfähigen Apparat auszubilden, der ein heute manchmal bis zu 180 Zentimeter großes und infolgedessen auch entsprechend schweres Pferd zu tragen vermag.

Auf die Gesunderhaltung, aber auch auf die Weiterentwicklung eines noch tragfähigeren Hufs muß in Zukunft aus züchterischer Sicht unbedingt geachtet werden, weil die höheren Anforderungen an die Pferde (die nun auch noch das zusätzliche Reitergewicht oder die Zuglast einer Kutsche aufgebrummt bekommen) eine weitere Verbesserung dringend erforderlich machen. Nicht zuletzt ist daran zu denken, daß die Reitsportpferdezucht immer größere – und damit schwerere – Pferde hervorgebracht hat.

Das »Hautanhangsgebilde«

Was benötigen nun die Hufe unserer Pferde, um gesund zu bleiben oder aber, wenn wir einen Schritt weitergehen, sich so weiter zu entwickeln, daß sie noch widerstands- und tragfähiger werden? Um diese Kernfrage müssen sich die Gedanken des Pferdebesitzers bei der täglichen Pflege der Hufe, des Züchters bei der

Mit Maß und Ziel

Die Größe von in heutiger Zeit wildlebenden Pferden pendelt sich bei etwa 130 bis 140 Zentimetern ein. Sogar die verwilderten Vertreter ehemaliger Hauspferde (Mustangs) reduzierten ihre Größe nach einigen Generationen wieder auf dieses Maß. Das Überleben scheint mit dieser Größe in freier Wildbahn gesichert. Die Ernährung spielt zwar für das Wachstum eine sehr große Rolle, doch die Beschaffenheit der Hufe und Beine muß demnach auch darauf ausgerichtet sein, diese Größe und die damit verbundene Last zu verkraften.

Die moderne Pferdezucht ist auf den Reitsport ausgelegt und verlangt größere, massigere und athletischere Pferde, um dem Leitgedanken »höher, schneller, weiter« auch im Pferdesport gerecht werden zu können. Das moderne Warmblutpferd wurde deshalb auf eine Größe von 160 bis 180 Zentimetern gezüchtet. Das Gewicht hat sich ebenfalls um circa ein Drittel erhöht. Es stellt sich deshalb die Frage, ob Beine, Gelenke, Sehnen, Muskeln und Hufe kräftig genug sind, um diesen nun wesentlich höheren Belastungen standzuhalten. Wenn man sich die Anzahl der verschlissenen Pferdebeine und Problemhufe vor Augen hält, bekommt man doch erhebliche Zweifel. In manchen Rassen haben bereits 10 bis 30 Prozent der ungerittenen Dreijährigen röntgenologisch nachweisbare Skelettschäden wie etwa Hufrollenprobleme und Arthrosen!

Auswahl der Elterntiere für zukünftige Generationen, aber auch des Hufschmieds bei der Anbringung von Hufschutz drehen, will man in der Entwicklung des Pferdes nicht weiterhin auf der Stelle treten.

Im Prinzip ist der Huf des Pferdes nichts anderes als der Fingernagel (oder Zehennagel) beim Menschen. Die Enden der Extremitäten von Säugetieren sind mit einem Horngebilde ausgestattet. Bei jedem Tier hat sich dieses »Hautanhangsgebilde« – wie es auch genannt wird – speziell nach seinen Belangen ausgebildet. Die Finger und Zehen des Menschen werden mit dem Finger- oder Zehennagel geschützt. Viele Tiere haben Krallen: Die der Katzen sind dabei besonders scharf. Ob Hund, Eichhörnchen, Kaninchen, Vögel oder Reptilien – diese harte Sonderform der Haut ist fast jedem Tier eigen. Bei den Pferden, Rindern, Steinböcken, Hirschen oder Gazellen haben sich Hufe ausgebildet. Die Huftiere sind wiederum in Paarhufer und Unpaarhufer eingeteilt. Die meisten Huftiere sind Paarhufer, laufen also auf zwei Zehen. Während der Evolution haben sich nur wenige Unpaarhufer behaupten können – zu diesen gehört auch das Pferd. Weitere Gattungen sind Nashorn und Tapir.

Der Aufbau

Äußerlich betrachtet ist der Huf lediglich eine Hornummantelung um das Hufbein. Besser als durch eine dicke

Der Hufaufbau

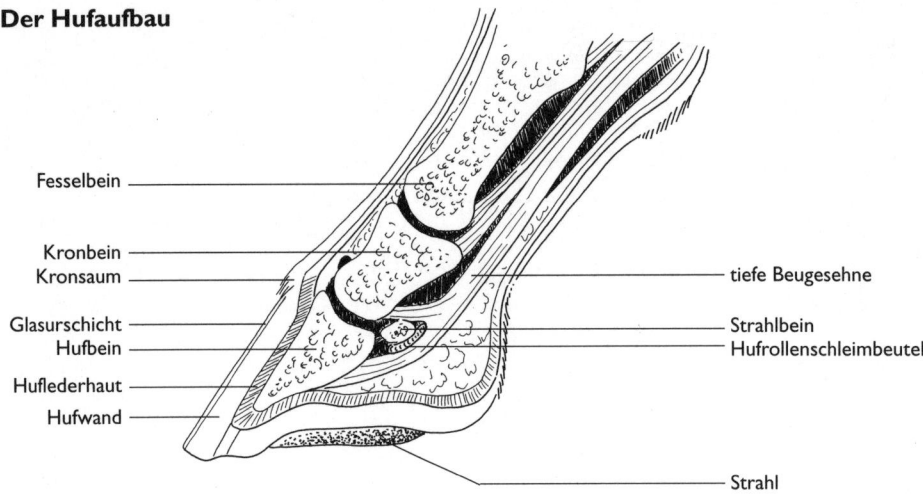

Fesselbein

Kronbein
Kronsaum — tiefe Beugesehne

Glasurschicht
Hufbein — Strahlbein
Hufrollenschleimbeutel

Huflederhaut
Hufwand

Strahl

Hornschicht kann ein Fuß gar nicht geschützt werden, denkt man. Doch wenn man sich die einzelnen Strukturen des Hufs näher ansieht, wird man schnell bemerken, daß der Huf eigentlich ein recht empfindliches und auch relativ kompliziertes Gebilde ist. Die äußerste Schicht auf der Oberfläche des Hufhorns ist die sogenannte Glasurschicht. Sie ist eine Schutzschicht und überzieht die Hornkapsel als dünne Auflage. Das Hufhorn (dessen Bestandteile unter anderem Kohlenstoff, Stickstoff, Sauerstoff, Wasserstoff und Schwefel sind) setzt sich aus der Glasurschicht, der Verbindungsschicht und einer im allgemeinen so benannten Lamellenschicht zusammen. Die Lamellenschicht besteht aus vielen Verzahnungen, den sogenannten Zöttchen und Blättchen, und ist mit der Lederhaut (die selbst auch Blättchen und Zöttchen hat) verbunden, die direkt auf dem Hufbein liegt.

Die Zöttchen- und Blättchenschicht ist eine der wichtigsten Komponenten im Aufbau des Hufs, denn hier gleitet das Horn beim Wachstum des Hufs nach unten. Trotzdem besteht eine feste Verbindung zwischen der Hornschicht und der Lederhaut. Diese wird dadurch gewährleistet, daß die große Oberflächenstruktur eine extreme Verzahnung erreicht, die eine hervorragende Haftung am Hufbein garantiert.

Das Hufbein kann aufgrund dieser Haftung nicht durch die Hornkapsel hindurchfallen. Es ist in der Hornkapsel wie ein Glockenklöppel aufgehängt. Die Hufsohle wäre demnach rein theoretisch fast nicht mehr notwendig, um das

Oben: Bei diesem Hufpräparat sieht man deutlich den Durchbruch des Hufbeins durch die Sohle im Endstadium der Hufrehe.
Unten links: So sieht ein gesunder und gut gepflegter Barhuf aus.
Unten rechts: Ein widerstandsfähiger Barhuf mit einem ausgeprägten Strahl und guter Form.

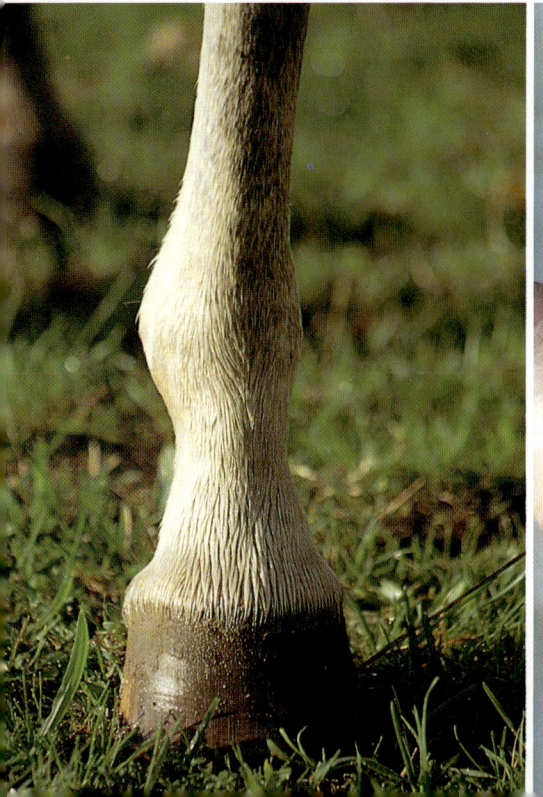

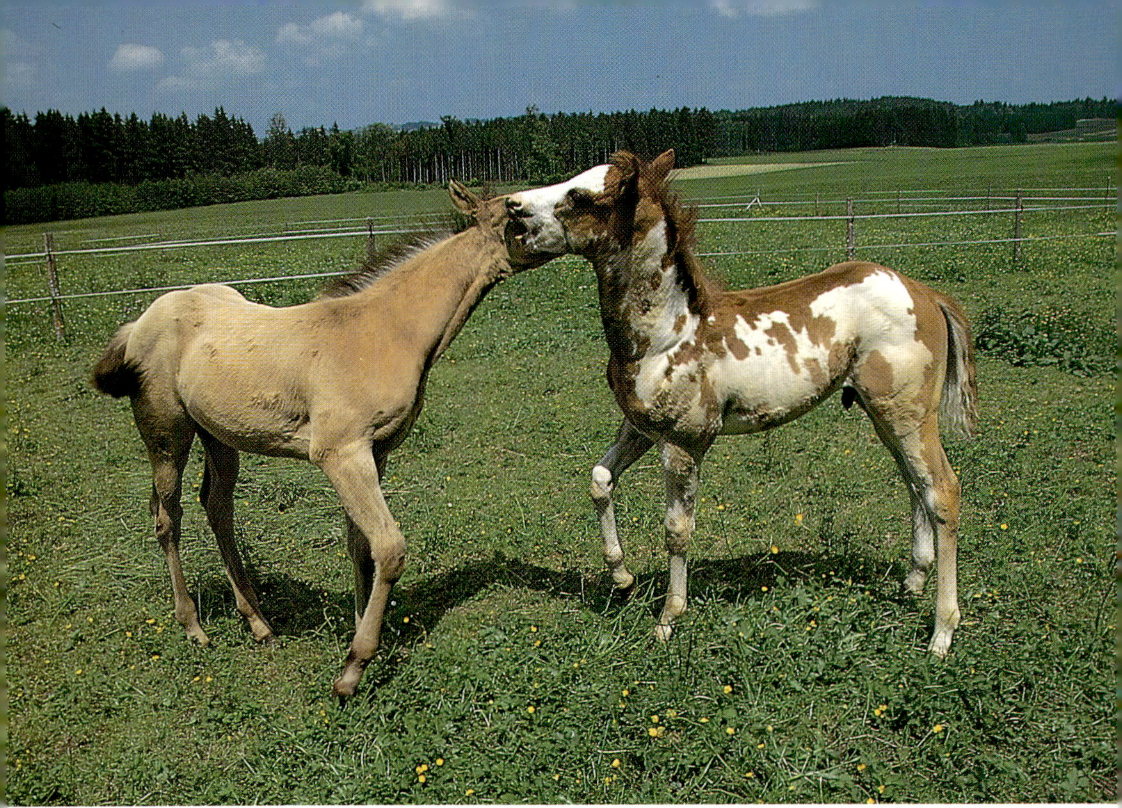
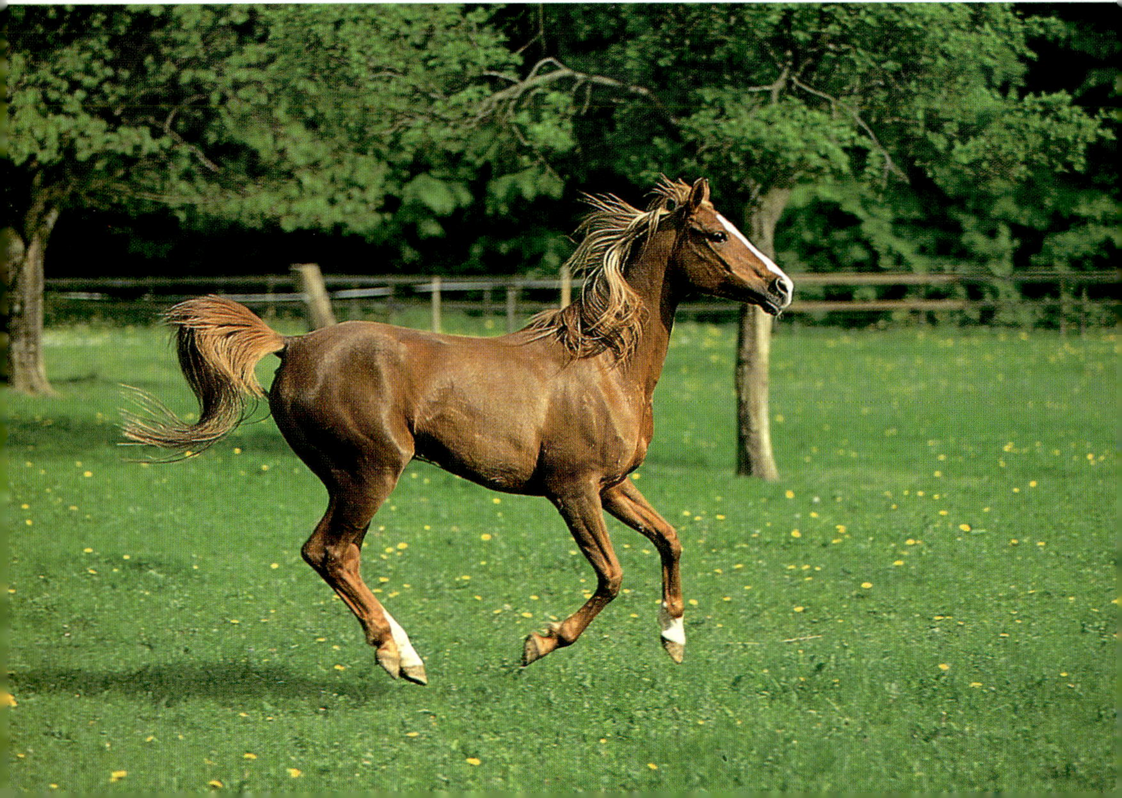

Hufbein zu stützen. Sie hat darum auch hauptsächlich eine Schutzfunktion für die inneren Strukturen. Die Sohle ist über die weiße Linie mit der Hufwand verbunden und besteht aus einer konkav gewölbten hornigen Substanz. In die Sohle ist der Strahl eingebettet, ein V-förmiges Gebilde, das aus einem weicheren, elastischen Horn besteht. Hinter der Sohle liegt die Sohlen- und Strahllederhaut, die für das Wachstum von Sohle und Strahl verantwortlich ist. Die Lederhaut ist dabei jedoch keineswegs eine grobe, feste Hautstruktur, wie der Name vermuten läßt, sondern eine feingliedrige, empfindliche Struktur, die stark mit Nerven und Blutgefäßen durchzogen ist.

Die Glasurschicht

Die äußerste Schicht, die das Hufhorn umgibt, nennt man Glasurschicht. Sie versiegelt das Hufhorn, damit die tieferliegenden Hornschichten nicht austrocknen. Diese Eigenschaft hat aber auch zur Folge, daß über die Hornkapsel ebenfalls keine Feuchtigkeit in den Huf eindringen kann, denn der Feuchtigkeitsregler ist allein das Saumband am Kronrand. Eine intakte Glasurschicht glänzt leicht und fühlt sich sehr glatt an, wenn man mit dem Finger darüberstreicht. Es sollte vermieden werden, die Glasurschicht wegzuraspeln oder anderweitig zu zerstören, um zu verhindern,

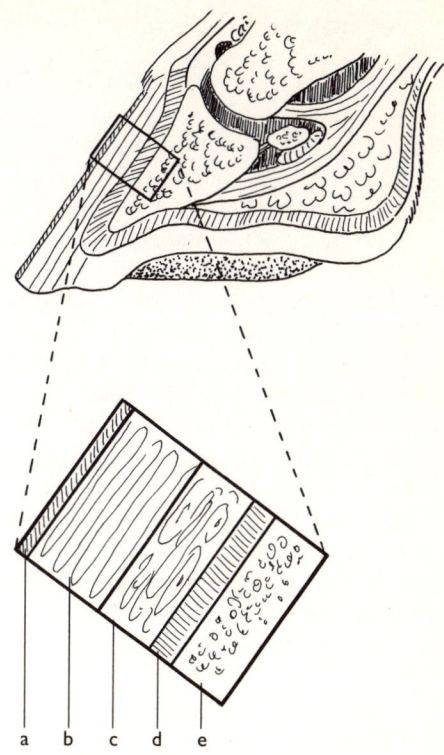

Der Aufbau des Hufmantels im Detail
a) Glasurschicht   d) Lederhaut
b) Verbindungsschicht   e) Hufbein
c) Lamellenschicht

daß der Huf zu stark austrocknet. Deshalb sollte man bei der Reinigung des Hufs auf eine harte Bürste verzichten, sondern lieber einen Schwamm verwenden.

Einige Hufschmiede sind jedoch der Ansicht, daß die Glasurschicht sogar schon beim Reiten auf Sandboden (Reitplatz) weggeschmirgelt wird und es deshalb völlig irrelevant ist, ob man mit der Raspel nachhilft oder nicht.

Oben: Schon beim Fohlen soll eine artgerechte Aufzucht die Grundlage für eine gesunde Entwicklung der Hufe schaffen.
Unten: Ausreichend Bewegung ist für ein gesundes Hufwachstum erforderlich.

Der Tragrand

Der äußere, sichtbare Teil des Hufs ist eine Ummantelung aus Horn, auch Hornkapsel genannt. Sie besteht aus einer harten Hornstruktur, die stabil genug sein muß, um das Gewicht des Pferdes zu tragen. Betrachtet man den Huf von unten, wird ersichtlich, daß das Pferd hauptsächlich mit der Hufwand auf dem Boden steht. Zum kompletten Tragrand gehören noch die weiße Linie sowie ein kleiner Teil der Sohle, der an die weiße Linie anschließt. Die Hufwand schließt sich im hinteren Bereich des Hufs nicht, sondern bricht in spitzem Winkel zur Hufmitte ab. Die abgewinkelten Teile der Wand sind die Eckstreben, die einen großen Beitrag zur Stabilität des Hufs leisten. Außerdem tragen sie Gewicht und dürfen daher dem Hufmesser nicht zum Opfer fallen, wie es manchmal dennoch geschieht. Der Huf würde seine Stabilität verlieren, die Folge kann ein Zwanghuf sein.

Man unterteilt die Hufwand in drei Teile, der vordere Bereich ist die Zehe, nach hinten folgen die Seiten und schließlich die Trachten, an die sich die Eckstreben anschließen. Der Tragrand an der Zehe ist stärker als die Seitenwände. Die Zehenwand ist auch flacher ausgebildet. Die Wand an den Trachten ist am steilsten. Die Hufwand – vom Kronrand ausgehend in Wachstumsrichtung zum Boden – ist an der Zehe am längsten, an den Trachten am kürzesten. Deshalb ist das Horn an der Zehenspitze am ältesten, das Horn an den Eckstreben ist ungefähr so alt wie das Horn in der Zehenmitte. Das liegt daran, weil das Hornwachstum vom Kronrand parallel nach unten verläuft. Betrachtet man den Tragrand von unten, verjüngt sich das sichtbare Horn von den Zehen ausgehend bis zu den Trachten.

Keineswegs hart wie Leder

Für das Wachstum des Hufs ist stets die sogenannte Huflederhaut verantwortlich. Es gibt die Saumlederhaut, die Kronlederhaut, die Wandlederhaut, die Strahllederhaut und die Sohlenlederhaut. Die Lederhaut liegt immer unter dem Hornteil, das sie erzeugt. Die Wandlederhaut liegt am Kronsaum, die Sohlenlederhaut unter der Sohle und so fort.

Die Lederhaut ist aber keineswegs aus einer lederartigen Substanz oder mit der Zähigkeit von Leder vergleichbar, wie man aufgrund des Namens vielleicht meinen mag. Diese extrem empfindliche Haut ist vielmehr mit Blutgefäßen und Nervenbahnen durchzogen. Die Blutgefäße geben ihr die rötliche Farbe, weshalb man auch vom »Fleischteil« spricht, was aber ebenso irreführend ist wie der Begriff »Lederhaut«, denn es handelt sich auch nicht um Fleisch.

Man sagt auch, daß bei der Lederhaut das »Leben« beginnt, und dieser Begriff trifft noch am ehesten zu. Weil diese Haut von Nervenbahnen durchzogen ist, hat das Pferd darin ein Gefühl und kann Schmerzen verspüren.

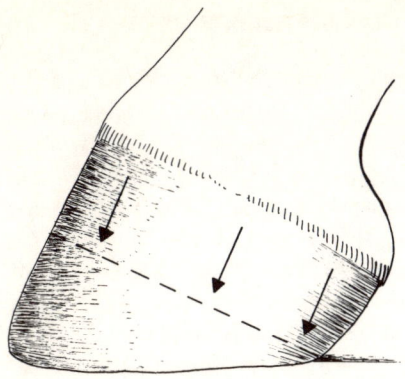
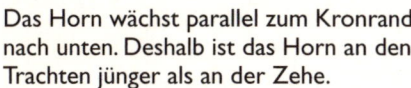
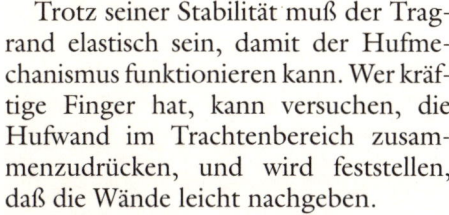

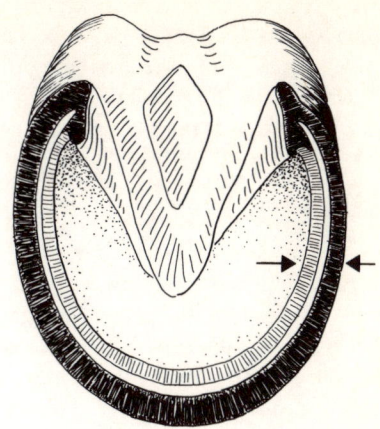

Das Horn wächst parallel zum Kronrand nach unten. Deshalb ist das Horn an den Trachten jünger als an der Zehe.

Der Tragrand ist der Teil des Hufs, der den Boden berührt und das Gewicht des Pferdes trägt. Er besteht aus der Hornwand, der weißen Linie und einem Teil der Sohle.

Trotz seiner Stabilität muß der Tragrand elastisch sein, damit der Hufmechanismus funktionieren kann. Wer kräftige Finger hat, kann versuchen, die Hufwand im Trachtenbereich zusammenzudrücken, und wird feststellen, daß die Wände leicht nachgeben.

Hufsohle und Strahl

Die Sohle schützt den Huf von unten her und ist leicht konkav nach oben gewölbt. Nur der äußerste Rand berührt ebenfalls den Boden und trägt einen Teil des Gewichts mit. Weil der größte Teil der Hufsohle keinen Bodenkontakt hat, kann sie sich auch nicht durch Reibung abnutzen. Damit das Horn sich erneuern kann, ist dieser Teil des Hufs so konstruiert, daß das Horn im Laufe der Zeit abblättert. Die Sohle muß ebenfalls eine bestimmte Elastizität aufweisen, damit auch sie beim Hufmechanismus »mit-

spielen« kann. Nur wenn sich die Sohle dehnen und zusammendrücken läßt, kann sich bei Belastung auch die Hufwand weiten.

Der in der Sohle eingebettete Strahl ist von enorm weicher und elastischer Hornsubstanz. Er spielt beim Hufmechanismus die für die Gesunderhaltung der Gelenke so wichtige Rolle des Stoßdämpfers. Beim Barfußhuf berührt der Strahl bei Belastung den Boden und stützt den Huf zusätzlich. Der Strahl hat die Form eines spitzwinkligen Dreiecks. Zwei seitliche Strahlfurchen und eine in der Mitte bilden den Strahl V-förmig aus, womit er eine große Dehnungskapazität aufweist.

Durch die weiche, elastische Hornsubstanz kann der Strahl viel Feuchtigkeit aufnehmen. Er kann sogar über 40 Prozent Wasser speichern. Zum Vergleich: Das harte Horn der Hufwand enthält um die 20 Prozent Wasser.

Die Spitze des Strahls ist etwas härter als der hintere Teil und dient als Fühler. Er aktiviert die Nervenbahnen des darunter liegenden Strahlpolsters.

Die weiße Linie

Jedem Pferdebesitzer ist bekannt, daß der Schmied seine Nägel zur Befestigung des Hufeisens in die sogenannte weiße Linie einschlagen muß. Sie ist als schmaler weißer Strich zwischen Hufwand und Sohle erkennbar – daher hat sie auch ihren Namen. Die weiße Linie stellt die Verbindung zwischen der Hufwand und der Sohle dar und verläuft hinter der Hufwand bis zur Kronlederhaut hinauf.

Die weiße Linie besteht aus einer sehr weichen, hornigen Substanz. Aufgrund der geringen Festigkeit können hier sehr leicht Krankheitserreger eindringen. Meist sind es eiterbildende Bakterien, die auf diese Weise in den Huf gelangen und sehr schmerzhafte Hufabszesse verursachen können.

Der Hufmechanismus

Der Aufbau des Hufs hat nicht nur eine schützende Wirkung, sondern wirkt auch als Stoßdämpfer, wenn das Pferd mit dem Bein auffußt. Jeder Stoßdämpfer aber muß sich verformen, um mechanische Einwirkungen abschwächen zu können. Das Pferd bringt ein relativ hohes Gewicht auf eine sehr kleine Fläche, den Huf. Je schneller das Pferd läuft, desto größer ist der Druck auf die Hufe. Wie kann der Huf diese große Wucht nun auffangen?

Die Last drückt über den komplizierten Knochenapparat auf das in der Hornkapsel aufgehängte Hufbein. Da die Knochensäule nicht senkrecht steht, schieben sich das Fessel- und das Kronbein nach »hinten«. Die tiefe Beugesehne hält dem Druck entgegen. Da die Beugesehne im unteren Bereich des Hufbeins ansetzt, wird dessen Spitze nach unten gezogen. (Deshalb drückt auch die Hufbeinspitze bei fortgeschrittener Hufrehe durch die Sohle, weil da-

Heller Huf unerwünscht?

Die Huffarbe ist von der Pigmentierung des Kronsaums abhängig. Aus einer unpigmentierten Haut können nur weiße Haare wachsen. Da der Huf vom Kronsaum abwärts wächst, bildet sich deshalb helles Horn, wenn der Kronsaum keine Farbpigmente enthält. Lange Zeit galten Pferde mit hellen Hufen als minderwertig, da man der Meinung war, daß diese Tiere nicht so leistungsfähig seien wie Pferde mit dunklen Hufen.

Im allgemeinen ist weißes Hufhorn etwas weicher als dunkles Horn, trotzdem muß ein heller Huf deshalb nicht zwangsläufig schlechter sein. Die Praxis hat gezeigt, daß Pferde mit hellen Hufen genauso leistungsfähig sein können wie ihre Artgenossen mit pigmentierten Hufen. Unter diesem Aspekt ist es heutzutage eher zur Geschmacksfrage geworden, wenn man Pferde mit dunklen Hufen bevorzugt.

bei die Verzahnung mit der Hornkapsel gelöst ist.)

Bei diesem Vorgang verengt sich der Kronrand im vorderen Bereich des Hufs. Durch den Gegendruck vom Boden entstehen weitere Verformungen. Die Trachtenwand erweitert sich sowohl am Tragrand als auch am Kronrand. Die Erweiterung findet hauptsächlich hinter der weitesten Stelle der Hornkapsel statt, im vorderen Zehenbereich dagegen ist sie so gering, daß sie kaum meßbar ist. Deshalb darf auch nur im vorderen Bereich genagelt werden, wenn ein Hufschutz in Form eines Beschlags angebracht wird. Nägel, aber auch Seitenkappen an den Hufeisen würden im hinteren Bereich die Bewegungen festhalten. Dies löst nicht nur Spannungen aus, sondern fördert alle negativen Erscheinungen, die eintreten können, wenn der Hufmechanismus nur unvollständig arbeiten kann.

Weiter flacht sich die Sohle etwas ab, der Ballen senkt sich und damit auch der Strahl, der daraufhin Bodenkontakt bekommt. Beim Abfußen gehen alle verformten Teile wieder in die Ausgangsposition zurück. Der Hufmechanismus wird durch das Auf- und anschließende Abfußen in Gang gesetzt. Ein Pferd, das überwiegend in einer Box gehalten wird, hat weniger Bewegungsfreiraum als ein Tier, das im Offenstall mit großem Auslauf und Weide lebt. **Je stärker sich ein Pferd bewegt, desto besser arbeitet der Hufmechanismus.**

Die Funktion des Hufmechanismus fängt nicht nur harte Stöße ab, sondern garantiert auch eine gute Durchblutung des Beins. Normalerweise wird die Blutzirkulation durch das Zusammenziehen und die anschließende Entspannung von Muskeln gewährleistet. So wird das Blut durch die feinen Haargefäße in die Venen und zurück zum Herzen transportiert. Das Problem ist nur, daß das Pferd unterhalb des Vorderfußwurzel- bezie-

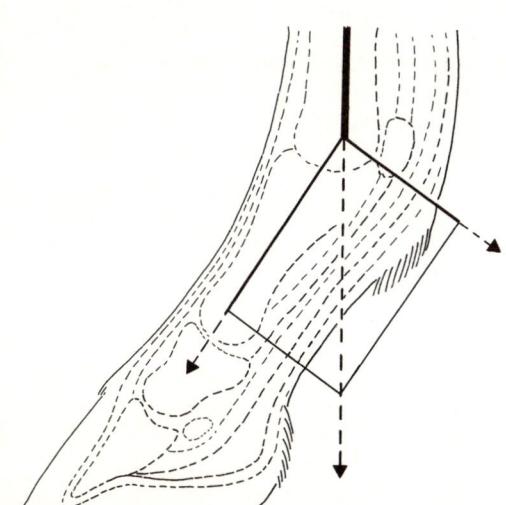

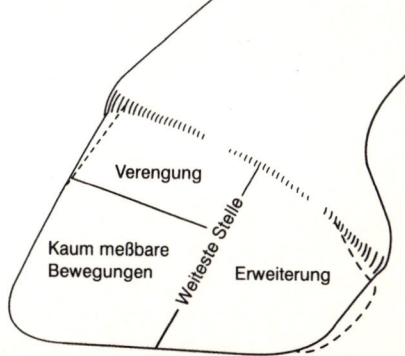

Links: Die Kräfteverteilung bei der Belastung des Hufs
Unten: Veränderungen im Huf bei Belastung nennt man Hufmechanismus.

Verengung

Kaum meßbare Bewegungen

Weiteste Stelle

Erweiterung

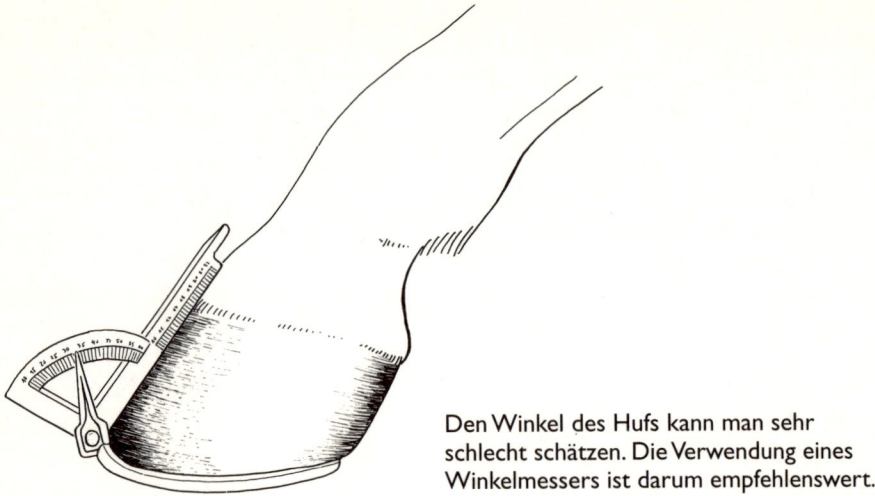

Den Winkel des Hufs kann man sehr schlecht schätzen. Die Verwendung eines Winkelmessers ist darum empfehlenswert.

hungsweise Sprunggelenks keine Muskeln mehr hat. Muskelmasse macht Bewegungen träge, deshalb hat die Natur dort auf Muskeln verzichtet, damit das Pferd in der Lage ist, seine Beine schnell zu bewegen.

Im Beinbereich sind keine Muskeln vorhanden, um das Blut ins Herz zurückzupumpen, deshalb wird dies vom Hufmechanismus übernommen. Durch die Bewegungen des Hufs wird die Durchblutung angeregt (was übrigens auch das Hufwachstum fördert). Je besser der Hufmechanismus arbeiten kann, desto stärker werden die Beine durchblutet.

Hufformen

Der normal geformte Vorderhuf verläuft in einer harmonischen Rundung von der Zehe bis zu den Trachten. Meistens ist die äußere Tragrandseite etwas runder ausgebildet, und deshalb ist die Hufwand auf der Außenseite flacher gestellt als auf der Innenseite. Dies trifft ebenso auf den Hinterhuf zu, der aber insgesamt etwas steiler steht als der Vorderhuf. Die Hufformen sind also keineswegs symmetrisch, sondern fast immer asymmetrisch.

Die Winkelung des Vorderhufs sollte etwa 50 bis 55 Grad betragen, die Hinterhufe sollten 53 bis 58 Grad steil gestellt sein. Es ist notwendig, die Stellung des Hufs mit einem Winkelmesser nachzuprüfen, wenn man wissen will, ob der Huf im Normalmaß liegt, denn schätzen läßt sich der Winkel kaum. Auch ein geübter Hufexperte kann sich kaum an eine Schätzung wagen, denn allzuoft täuscht das Auge. Deshalb greift auch dieser zum Winkelmesser, um sicherzugehen. Oftmals differieren der rechte und linke Huf im Winkel voneinander;

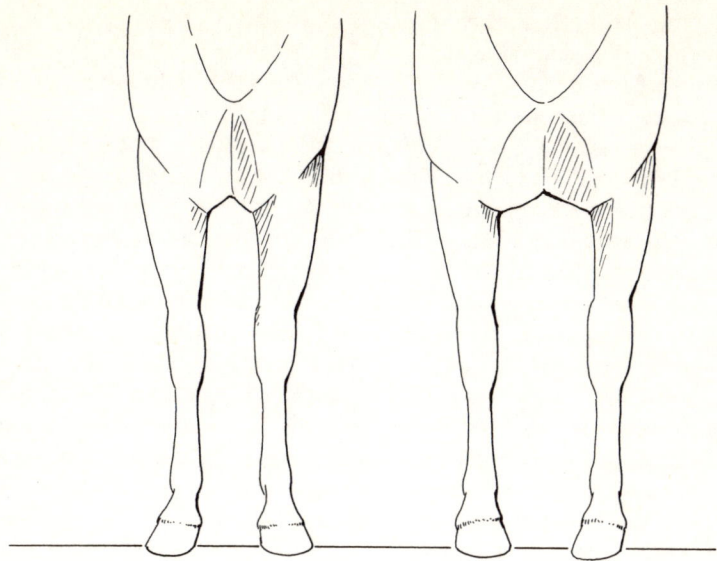

Oben: Bei einer schmalen Brust (links) ist häufig die innere Hufwand steiler ausgebildet. Hat das Pferd eine breite Brust (rechts), ist meist die äußere Hufwand steiler.

Unten: Der Hinterhuf (rechts) ist im Grundriß schmaler und spitzer als der Vorderhuf (links). Die weiteste Stelle liegt beim Hinterhuf im hinteren Drittel, beim Vorderhuf in der Mitte.

das ist normal, solange die Grade nicht wesentlich voneinander abweichen. Ein bis zwei Grad kann man tolerieren.

In der Regel ist der Hinterhuf steiler, aber auch spitzer und schmaler in seiner Grundrißform. Die weiteste Stelle des Hinterhufs liegt etwa im hinteren Drittel, beim Vorderhuf liegt die weiteste Stelle ziemlich genau in der Mitte. Will man die Formen mit einem Ei verglei-

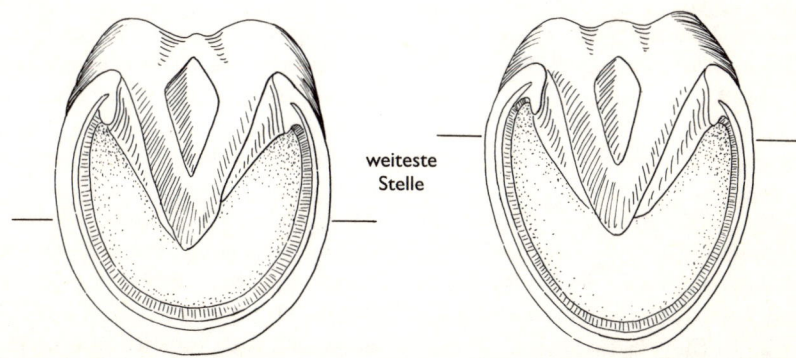

weiteste Stelle

chen, ähnelt der Hinterhuf eher der Spitze, der Vorderhuf gleicht dabei mehr dem stumpfen Ende.

Dabei gleichen sich keineswegs alle Vorder- und Hinterhufe wie ein Ei dem anderen. Trotz der vorgegebenen »Normalform« gibt es etliche Abweichungen, die entweder rassespezifisch oder haltungsbedingt, aber immer noch unter dem Begriff »normal« einzustufen sind. So kann es auch vorkommen, daß nicht immer die innere Hufwand steiler gestellt ist.

Bei Kaltblutrassen ist öfters auch die äußere Hufwand steiler. Das liegt daran, daß diese Pferde häufig eine sehr breite Brust haben und die Beine daher ebenfalls weiter auseinanderstehen. Die Belastung findet vorwiegend an der Außenseite statt, und damit schiebt der Huf stärker nach innen – die innere Hufwand bildet sich infolgedessen flacher aus.

Auch haben edlere Pferderassen im allgemeinen kleinere, engere Hufe, während Kaltblüter und unedlere Ponyrassen öfters weitere und flachere Hufe aufweisen. Auch der jahrelang beschlagene Huf ist in der Regel enger als der Huf des ständig unbeschlagenen Pferdes.

Ein bestimmtes Ausmaß von Abweichungen vom Normalhuf ist tolerierbar und zählt keineswegs zu den krankhaften Hufformen. Man sollte aber unterscheiden können, ob ein unregelmäßiger – von der Normalform abweichender – Huf einer krankhaften Hufform unterworfen ist oder nicht. Bei dieser Beurteilung hilft ein guter Hufschmied oder der Tierarzt, den man im Zweifelsfalle hinzuziehen sollte. Für diese Diagnose muß neben der eigentlichen Hufform auch das ganze Pferd, besonders aber die Beinstellung mit berücksichtigt werden.

Der enge Huf

Ein enger Huf geht meistens mit einer steilen Hufform einher, obwohl auch eine flache oder normale Hufform möglich ist. Meist ist neben den Seitenwänden auch die Zehenwand sehr steil gestellt, die Seitenwände erreichen manchmal eine nahezu senkrechte Stellung. Die Auftrittsfläche ist demnach geringer als beim normalen Huf, dafür ist das Horn vielfach sehr hart und widerstandsfähig. Auch der Hufmechanismus arbeitet bei einem engen Huf nicht so stark. Enge Hufe können ein Anzeichen dafür sein, daß das Pferd auf hartem Geläuf aufgewachsen ist.

Die Hufsohle ist abweichend von der Normalform konkaver angelegt, wobei der Strahl tiefer im Huf liegt und bei Belastung den Boden nicht mehr berührt. Enge Hufe kommen bei vollblütigen Pferden häufiger vor als bei Kaltblütern.

Durch einen zu frühen oder zu eng angelegten Beschlag können ebenfalls enge Hufe hervorgerufen werden. Die enge Hufform hat die Tendenz zum Zwanghuf, einer krankhaften Hufform.

Der weite Huf

Wünschenswerter ist im allgemeinen eher ein weiter als ein enger Huf, nicht nur deshalb, weil der Hufmechanismus besser arbeitet. Der weite Huf kann das Gewicht des Pferdes besser tragen, weil die Last auf eine größere Fläche verteilt wird. Weite Hufe haben schräg stehende Seitenwände – auch hier kann die Hufform, von der Seite aus betrachtet, flach oder steil sein (meist aber eher flach). Das Horn ist häufig weich und neigt zur Brüchigkeit, besonders wenn

Auf großem Fuß

Vor allem die unedlen Ponyrassen aus den nordischen Ländern neigen zu weiten Hufen. Der Untergrund in deren Heimatgebiet ist häufig sumpfig, moorig und vom Regen aufgeweicht. Das fördert den weiten Huf, der davor schützt, daß die Tiere zu stark im Boden einsinken. Pferde, die auf »großem Fuß« leben, haben schlechtere Voraussetzungen zum Barfußlaufen, weil die Hufqualität meist weicher und damit brüchiger ist.

Die Entwicklung der Hufform ist neben der genetischen Veranlagung auch von der Umgebung abhängig, in der die Pferde aufwachsen. Mit einer gezielten Fohlenaufzucht auf harten oder weichen Böden kann man die Voraussetzung für weite oder enge Hufe schaffen.

die Zehen ebenfalls sehr spitz zulaufen, weil das Pferd mit den Zehen nicht gut abrollen kann.

Der weite Huf kommt oftmals bei unedleren Pferderassen vor, kann aber auch ein Zeichen dafür sein, daß das Pferd auf weichem Untergrund aufgewachsen ist.

Die Sohle von Pferden mit weiten Hufen ist meist sehr flach. Der Strahl ist gut ausgeprägt, kräftig, breit und trägt beim Auffußen viel Gewicht mit. Allerdings können sich aus weiten Hufen leicht Flachhufe entwickeln, die zu den krankhaften Hufformen gehören.

Der steile oder stumpfe Huf

Ob ein Huf zur steilen oder flachen Form gehört, wird immer an der Winkelung der Zehenwand gemessen. Zu beurteilen ist diese Form stets von der Seitenansicht des Hufs, während der

Der weite, normale und enge Huf im Vergleich

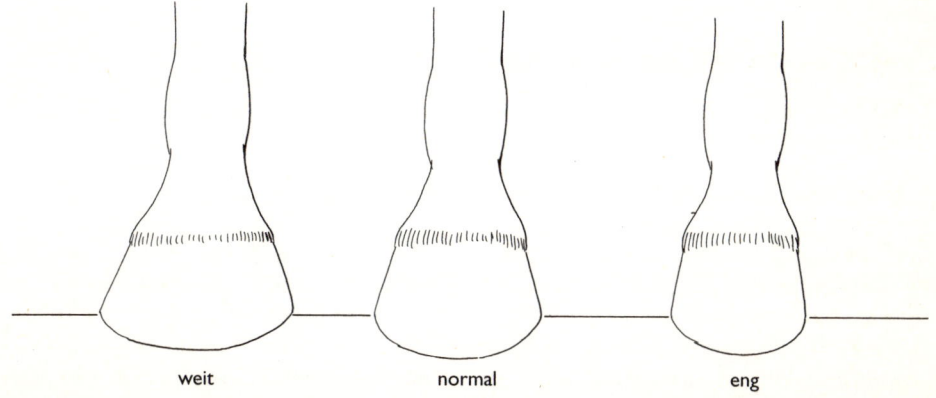

weit   normal   eng

weite oder enge Huf aus der Frontansicht erkannt werden kann.

Der stumpfe oder steile Huf ist in der Zehenwand steiler gestellt als das Normalmaß von 52 Grad vorne und 55 Grad hinten. Der steile Huf hat in etwa eine Winkelung von 56 bis 60 Grad, alles was darüber hinausgeht, muß als krankhafte Veränderung angesehen werden (Bockhuf). Außerdem liegen die Trachten höher als im Normalfall. Beim steilen Huf sind die Zehengelenke größerer Belastung ausgesetzt.

Der flache oder spitze Huf

Der Zehenwinkel ist beim flachen oder spitzen Huf kleiner als 50 Grad beim Vorderhuf und kleiner als 53 Grad beim hinteren Huf. Ein flacher Huf kann das Abrollen beim Laufen erschweren und die Beugesehnen und Bänder verstärkt belasten. Manchmal erwecken flache Hufe den Eindruck, daß die Zehen lediglich zu lang sind. Dies ist aber nur dann der Fall, wenn – von der Seite aus gesehen – die Zehenwand flacher ist als die Trachtenwand. Normalerweise stehen Zehen- und Trachtenwand stets parallel zueinander.

Der halbeng-halbweite Huf

Meistens ist es eine Frage der Belastung (und deshalb auch der Beinstellung), wenn der Huf sich auf der einen Seite eng und auf der anderen Seite weit aus-

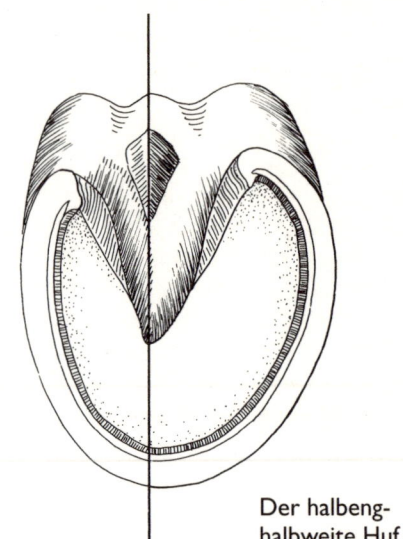

Der halbeng-halbweite Huf

Abnorme Hufformen korrigieren?

Die Korrektur von Hufen, die von der normalen Form abweichen, ist nur dann ratsam, wenn es sich um krankhaft – also übermäßig – veränderte Hufe handelt. Die Hufformen sind immer auch abhängig von der Beinstellung des Pferdes, die stets berücksichtigt werden muß, wenn man über eine Korrektur der Hufe nachdenkt. Das ganze Pferd – Haltung, Nutzung, Alter – ist in die Überlegungen einzubeziehen. Notwendige Hufkorrekturen werden möglichst im Fohlenalter vorgenommen. Die Entscheidung sollten Tierarzt und Schmied gemeinsam treffen. Späteres Herumschneiden kann unter Umständen auch schädlich sein.

Auf dünnen Sohlen

Normalerweise ist die Hufsohle bis zu 7 Millimeter dick, doch manche Pferderassen, vor allem Vollblüter und Araber, haben eine sehr dünne Sohle. Die Neigung zur dünnen Sohle wird offenbar vererbt.

Eine dünne Sohle gibt auf Druck mit den Fingern schnell nach. Die Pferde sind sehr druckempfindlich. Treten sie auf einen Stein, kann dies schmerzhaft sein, so daß die Tiere mit dem Bein nachgeben und einen Schritt lang lahmen. Dabei kann es auch zur Huflederhautquetschung mit Bildung von Steingallen kommen.

Werden die Pferde überwiegend im Gelände auf steinigen Wegen geritten, kann der Hufschmied dazu raten, das Pferd mit einer silikongefüllten Ledereinlage zu beschlagen, die die Hufsohle schützt und dem Tier ein schmerzfreies Auftreten ermöglicht.

bildet. »Krummbeinige« Pferde mit sogenannten O-Beinen, einer X-Stellung oder auch zehenweiter und zehenenger Stellung haben oftmals halbeng-halbweite Hufe.

Die Beinstellung

Normalerweise ist die Hufform eines Pferdes hauptsächlich von der Beinstellung abhängig. Pferde mit »krummen« Beinen haben deshalb häufig auch problematische Hufe, weil die Beine den Huf »schief« belasten und darum auch der Huf unregelmäßig ausgebildet wird.

Idealerweise sollten die Beine des Pferdes den Rumpf senkrecht stützen. Fällt man das Lot vom Schultergelenk ausgehend, sollte die Linie mittig durch das Karpalgelenk laufen und am Boden den Huf in zwei gleiche Hälften teilen. Man kann sich die Beine des Pferdes auch als Säulen vorstellen. Nur senkrecht stehende Säulen können die zu tragende Last gleichmäßig aufnehmen. Ein schief stehender Pfeiler dagegen wird einseitig belastet. Neigt sich eine Säule in eine Richtung, ist auf dieser Seite auch die Gewichtsbelastung größer. Für das Pferdebein bedeutet das, daß möglicherweise Überbelastungen zustande kommen können, die Sehnen, Bänder oder Gelenke in Mitleidenschaft ziehen. Einseitige Belastungen führen aber auch zum schiefen Wachstum der Hufe. Die Hufwand, die einer stärkeren Belastung ausgesetzt ist, steht steiler. Auf der schwächer belasteten Seite schiebt das Hufhorn schneller voran und bildet sich deshalb flacher aus.

Nun kann man aber die Pferde mit wirklich geraden Beinen an zehn Fingern abzählen. Obwohl sich vor allem die deutschen Züchter penibelst darum bemühen, nur Pferde in der Zucht einzusetzen, die ein einwandfreies Exterieur aufweisen, läuft der Großteil unserer Pferde mit mehr oder weniger krummen Beinen herum. Daß diese Pferde aber dennoch leistungsfähig und langlebig sein können, hat sich mehr als einmal erwiesen. Die Frage stellt sich deshalb, ob die züchterische Idealvor-

Exterieur kontra Interieur

Bei jeder Zuchtschau gelten die Blicke der Richter dem Exterieur des Pferdes. Der Gesamteindruck, die Gänge und Beinstellungen werden beurteilt und daraus die Note für die Zuchttauglichkeit gebildet. Jede noch so kleine Abweichung vom Idealbild wird notiert und fließt in die Bewertung mit ein. Sehr großer Wert wird dabei auch auf den Rassetyp gelegt.

Das Problem besteht darin, daß dabei unter Umständen Pferde als zuchtuntauglich eingestuft werden, weil sie leicht krumme Beine haben, möglicherweise für die Rasse zu groß geraten sind oder nicht den gewünschten Rassetyp verkörpern. Dabei sind sie aber ehrgeizige, leistungsbereite, willige und liebe Geschöpfe, die besonders zuverlässige Kameraden im Gelände abgeben und auch auf dem Turnier Erfolge verbuchen können – also der ideale Partner für den Menschen.

Andererseits besteht die Möglichkeit, daß Tiere mit annähernd exaktem Exterieur und viel Typ auf Zuchtschauen das Siegerpodest erklimmen, im alltäglichen Umgang aber widerwillig, stur und unberechenbar sind. Was nützt die ganze Schönheit und Korrektheit, wenn das Reiten von solchen Pferden problematisch bleibt, weil das Interieur mangelhaft ist?

Jeder Reiter ist deshalb gut beraten, sich nicht nur am Exterieur zu orientieren. Der Charakter ist mindestens genauso wichtig. Vor allem der Freizeitreiter kann es sich leisten, bei äußerlichen Kriterien so manches Auge zuzudrücken, weil die Pferde im Freizeitbereich in der Regel keinen extremen körperlichen Belastungen ausgesetzt sind wie Hochleistungspferde. Dagegen ist ein ausgeglichener Charakter besonders wichtig, um ein sicheres Reiten in Wald und Flur zu gewährleisten.

stellung des Exterieurs, speziell aber der Beinstellung, tatsächlich eine so große Rolle spielen muß, wie es immer wieder propagiert wird.

Die Übergänge von einer als korrekt bezeichneten Stellung zu einer mit leichten Mängeln behafteten sind immer fließend. Gewisse Abweichungen von der idealen Stellung treten bei fast jedem Pferd auf, entscheidend aber ist die Frage, ab wann eine Abweichung als Fehler eingestuft werden muß und bis zu welchem Grad ein derartiger Stellungsfehler noch tolerierbar ist, oder besser gesagt, ab wann ein Stellungsfehler ge-

sundheitliche Schäden hervorruft. Diese Frage ist nicht exakt zu beantworten, denn es gibt keinen genau meßbaren Punkt, ab dem gesundheitliche Schädigungen auftreten. Wie so oft spielen zu viele andere Komponenten eine zusätzliche Rolle:

● Rasse,
● Haltung,
● Nutzung,
● Aufzucht,
● allgemeine Konstitution.

Man kann lediglich von der Tendenz ausgehen, daß das Risiko einer gesundheitlichen Beeinträchtigung um so größer ist, je stärker die Beinstellung vom Idealmaß abweicht. Jede Abnormalität geht zu Lasten von Sehnen, Bändern oder Gelenken, die zwar für eine stärkere Belastung trainierbar sind, irgendwo aber hat die Belastungsfähigkeit auch ihre Grenzen.

Beurteilung relativieren

Die Fehlstellungen von Beinen sind normalerweise genetisch bedingt. Aus der jeweiligen Beinstellung entwickelt sich größtenteils die Hufform. Eine zehenenge Stellung beispielsweise wird eine Hufausbildung zur Folge haben, bei der die äußere Wand steiler steht als die innere. Ein flacher Fesselstand wird einen eher spitzwinkligen Huf zur Folge haben, während sich bei einer kurzen, steilen Fessel auch der Huf entsprechend anpaßt und überwiegend stumpf ausgebildet wird.

Die Hufstellung muß immer zum Fesselstand passen.

Das bedeutet, daß ein flacher Huf in Relation zu einer langen, weichen Fesselung nicht mehr flach, sondern korrekt ist! Der Huf darf keinesfalls einer Idealform angepaßt werden, wenn die Beinstellung »dagegenarbeitet«. Eine Hufform kann nur in bezug auf die Beinstellung als korrekt oder fehlerhaft beurteilt werden. Nur wenn es sich um eine krankhafte (= nicht mehr tolerierbare) Beinstellung handelt, wird der Hufschmied eine daraus resultierende extreme Hufform etwas abschwächen. So ist es sinnvoll, wenn der Hufschmied einen zu flachen Huf nicht nach einer hochgradigen weichen Fesselung ausrichtet, sondern etwas steiler stellt, um derartige extreme Abweichungen auszugleichen.

Die Winkelung

In welchem Winkel der Huf steht, ist also von der Winkelung der Fessel abhängig. Diese steht aber wiederum in

Im Bild links (zu flacher Huf) und rechts (zu steiler Huf) stimmt die Hufachse nicht mit der Fesselachse überein; der Huf muß korrigiert werden. Zum Vergleich: Im mittleren Bild ist der Huf korrekt.

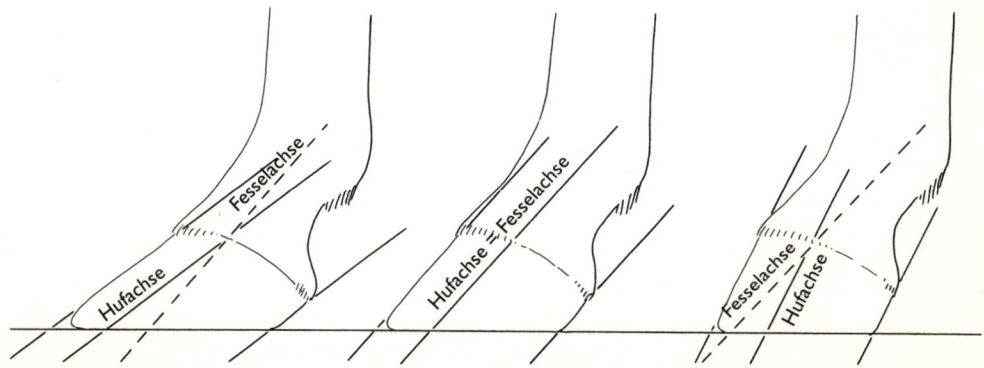

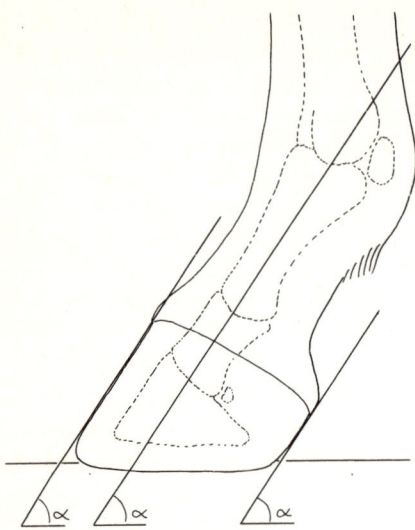

Trachtenwand, Zehenwand und Fesselbein sollten im gleichen Winkel parallel zueinander stehen.

Ein Pferd mit einer relativ **steilen** Schulter wird demnach meistens auch stumpfe Hufe haben. Ein steiler Huf bricht beim Abfußen leichter über die Zehe ab, wird schnell nach vorne geführt und in steilem Winkel abrupt wieder auf den Boden gesetzt. Dieser Gang, der durch die allgemein steile Winkelung von Schulter, Fessel und Huf bedingt ist, ist kurz, abgehackt und hart. Dadurch werden die Gelenkflächen verstärkt belastet. Im extremen Fall besteht eine erhöhte Gefahr für Arthrose und Knorpelschäden.

Eine **flache** Schulterlinie zieht im allgemeinen auch einen flachen Fesselstand und spitz geformte Hufe nach sich. Beim Laufen hat das Pferd dabei größere Probleme, über die Zehe abzurollen, deshalb wird der Huf kurz nach dem Abfußen stark hochgezogen und weit nach vorne geführt. Der Gang ist raumgreifender als bei einem Pferd mit steiler Schulter-, Fessel- und Huflinie. Das Pferd benötigt viel Energie, um

Verbindung mit der Winkelung der Schulter. Die Schräge des Schulterblatts sollte mit der Winkelung des Fesselstands übereinstimmen. Die Zehenlinie des Hufs, die Linie des Schulterblatts und die Linie der Fessel verlaufen stets parallel.

Die Hufachse stimmt jeweils mit der Fesselachse überein: Eine Hufkorrektur darf nicht vorgenommen werden.

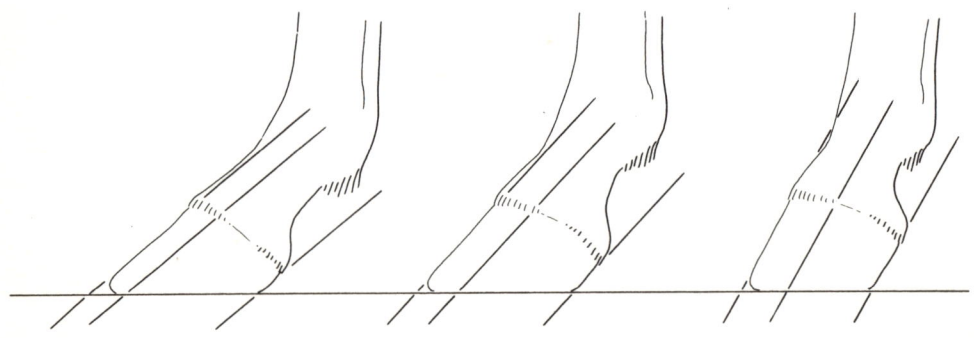

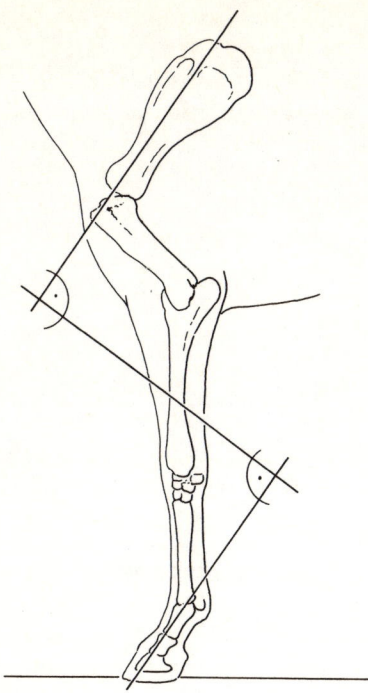

über eine lange Zehe abzufußen, es werden darum vor allem die Beugesehnen stark beansprucht. Der Gang ist aber weicher und für den Reiter wesentlich angenehmer auszusitzen.

Jede Winkelung hat ihre Vor- und Nachteile. Ein guter Kompromiß ist deshalb erstrebenswert, will man auf Dauer ein gesundes und leistungsfähiges Pferd zum Partner haben. In jedem Fall muß bei der Beurteilung und Bearbeitung der Hufe stets die ganze Beinstellung in Betracht gezogen werden.

Bodeneng und bodenweit

Eine von der regelmäßigen Stellung abweichende Beinpositionierung ist die bodenenge und bodenweite Stellung. Von vorne betrachtet verläuft die Beinachse von der Schulter ausgehend bei der bodenengen Stellung nach innen (V-för-

Oben: Die Winkelung der Schulter muß mit der Fessel- und Hufachse übereinstimmen.

Unten: Links die bodenenge und rechts die bodenweite Stellung

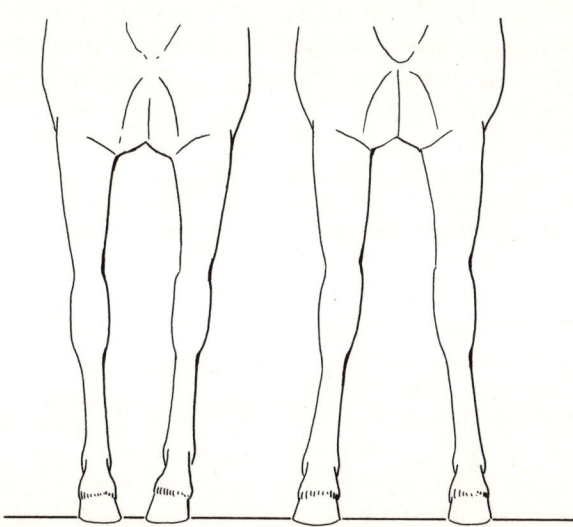

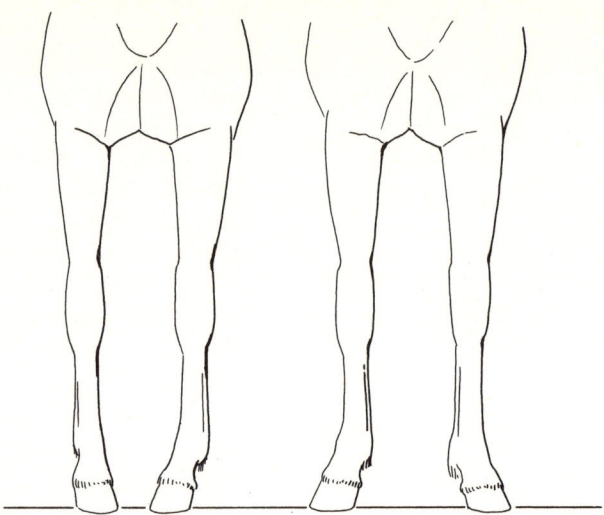

Die zehenenge Stellung ist links dargestellt, rechts die zehenweite Stellung.

Zeheneng und zehenweit

mig), während die Linien bei der bodenweiten Stellung nach außen zeigen.

Eine bodenweite oder bodenenge Stellung ist nicht unbedingt daran zu erkennen, wie weit die Hufe voneinander entfernt stehen, weil dies von der Breite der Brust abhängig und deshalb auch bei der regelmäßigen Stellung von Pferd zu Pferd unterschiedlich ist. Bei einem Pferd mit einer schmalen Brust stehen die Hufe (bei der regelmäßigen Stellung) näher zueinander als bei einem Pferd mit einer breiten Brust. Entscheidend für die Beurteilung ist deshalb die Linie von der Schulter zum Huf. Diese sollte möglichst lotrecht verlaufen.

Bei der bodenengen Stellung bildet sich der Huf auf der Außenseite in der Regel steiler aus als auf der Innenseite. Bei der bodenweiten Stellung steht dagegen die innere Hufwand steiler.

Obwohl die Beinachse geradlinig von der Schulter ausgehend nach unten verläuft, dreht sich der Fuß ab dem Fesselgelenk bei der zehenengen Stellung nach innen. Die Hufspitzen zeigen somit automatisch auch nach innen.

Bei der zehenweiten Stellung verlaufen die Beinachsen, von vorne betrachtet, ebenfalls lotrecht bis zum Fesselgelenk. Nun aber wird die gedachte Beinachse gebrochen: Der Fuß und der Huf zeigen nach außen.

Zehenenge und zehenweite Stellungen können auch mit einer bodenengen

Oben: Verschiedene Alternativbeschläge aus Kunststoff und Gummi
Unten links: Ein guter Hufschmied brennt das Eisen nur kurz auf.
Unten rechts: Am Abbrand auf dem Eisen kann man erkennen, ob das Eisen paßt.

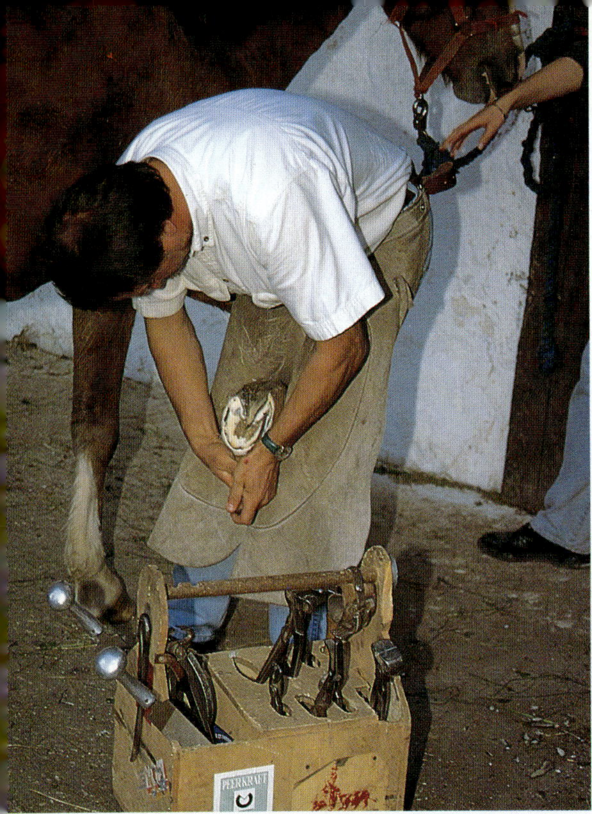
PEERKRAFT

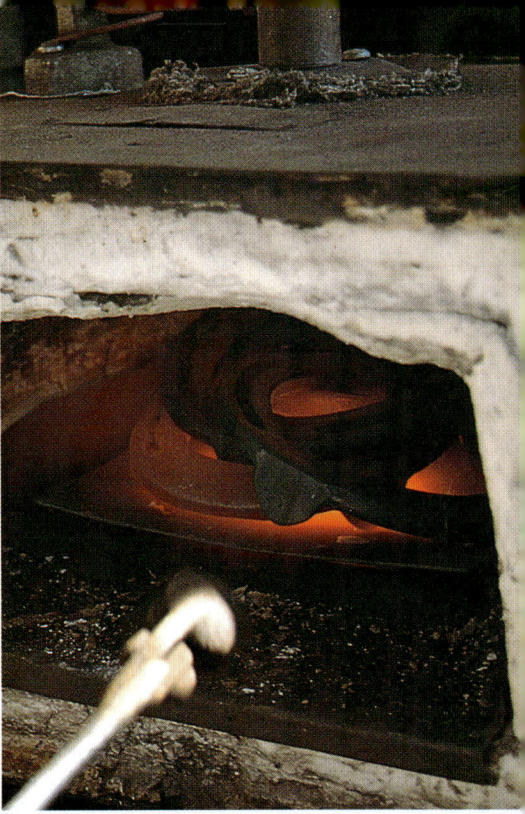

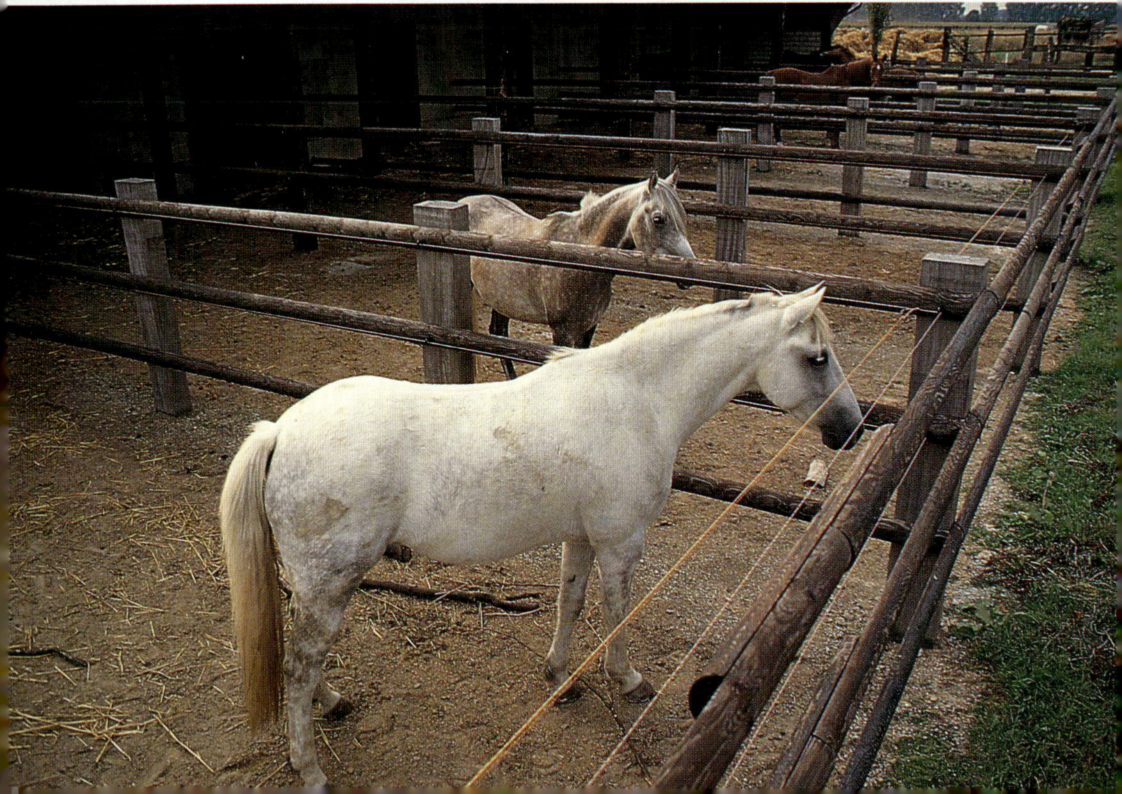

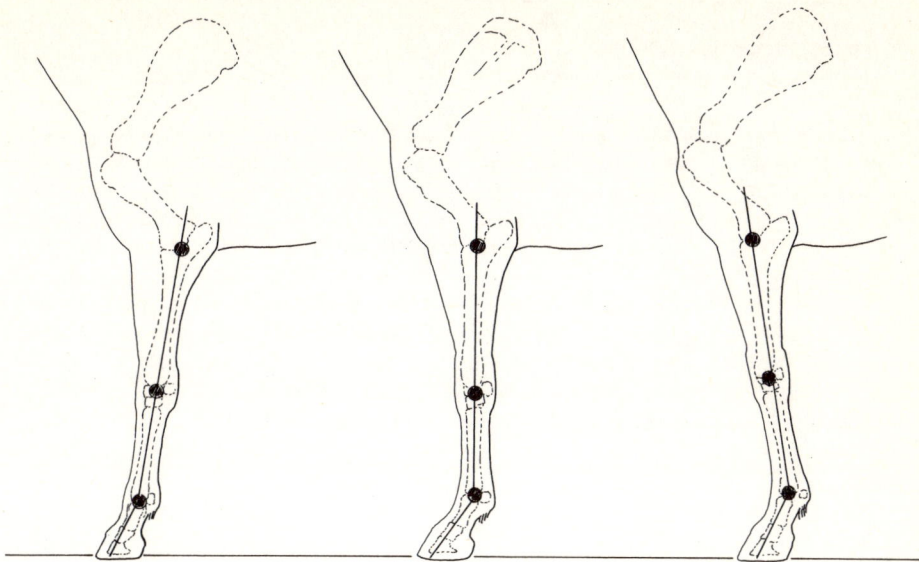

Von links nach rechts: Die vorständige, normale und rückständige Stellung

und bodenweiten Stellung kombiniert sein. Dabei muß eine bodenenge Stellung nicht automatisch mit einer zehenengen Stellung verknüpft sein, denkbar sind genauso Kombinationen von einer bodenengen und zehenweiten Stellung oder einer bodenweiten und zehenengen.

Oben links: Mit dem Abnehmen der Eisen ist die Umstellung auf das Barfußlaufen noch nicht getan.
Oben rechts: Im Ofen werden die Eisen bis zur Rotglut erhitzt, um sie leichter schmieden zu können.
Unten: Die Offenstallhaltung ist die natürlichste Form der Pferdehaltung und fördert auch die Gesunderhaltung der Hufe.

Vor- und rückständig

Die nachfolgenden Abweichungen von der normalen, regelmäßigen Beinstellung sind beim Pferd von der Seitenansicht aus zu erkennen.

Die **vorständige** Stellung kann sowohl bei der Vor- als auch bei der Hinterhand vorkommen. Hierbei fußt das Pferd etwas vor der regelmäßigen Beinstellung am Boden auf. Die Beinachse ist dabei geradlinig. Man hat den Eindruck, das Pferd würde sich gegen den Boden stemmen und sein Gewicht nach hinten schieben.

Die **rückständige** Stellung erweckt den Anschein, als würde das Pferd sein Gewicht nach vorne schieben. Die Beinachse verläuft zwar gerade, aber nicht lotrecht, sondern etwas zurückgesetzt. Diese Stellung beansprucht vor allem den Fesselträger und die Beugesehnen stark. Ist die Stellung mit einem flachen

Vorsicht, krumme Beine!

Es gibt nur wenige Pferde, die mit einer idealen Beinstellung durchs Leben gehen. Daher ist der Reiter bei der Auswahl eines geeigneten Pferdes zu Kompromissen gezwungen. Stellungsfehler sind an der Tagesordnung, aber kein Grund zur Panik.

Zunächst sollte man unterscheiden lernen zwischen tatsächlichen Fehlern und geringfügigen Abweichungen vom Idealbild. So mancher mutmaßliche Mangel ist lediglich ein Schönheitsfehler und kann völlig belanglos sein. Bei rücksichtsvollem Einsatz und richtigem Reiten kann selbst ein hochgradig krummbeiniges Pferd ein hohes Alter erreichen, ohne übermäßig von gesundheitlichen Problemen geplagt zu werden. Man muß jedoch gelernt haben, Stellungsfehler richtig einzuschätzen und damit entsprechend umzugehen. Dies ist nicht einfach und setzt viel Einfühlungsvermögen und Erfahrung voraus.

Huf (schräge Schulter, flacher Fesselstand) kombiniert, ist das Pferd besonders anfällig für Verschleißerscheinungen an den Sehnen und Bändern.

Vor- und rückbiegig

Wie die Bezeichnung schon verrät, ist die Beinachse bei der vor- und rückbiegigen Stellung gebogen. Bei der vorbiegigen Stellung zeigt sich im Karpalgelenk ein regelrechter Knick, der auch als »hängendes Knie« bezeichnet wird. Diese Stellung kann angeboren sein oder durch Überanstrengung entstehen. Häufig zeigen Pferde mit einer vorbiegigen Stellung die Tendenz zum Stolpern. Von solchen Pferden kann man keine großen Leistungen erwarten.

Auch die rückbiegige Stellung ist zumeist angeboren. Das Vorderfußwurzelgelenk ist dabei nach hinten durchgebogen und wird bei dieser Stellung übermäßig beansprucht. Deshalb ist auch mit vorzeitigen Verschleißerscheinungen zu rechnen.

Vor- und Rückbiegigkeit gehören zu den »echten« Stellungsfehlern und sollten nicht auf die leichte Schulter genommen werden. Leider lassen sich Stellungsfehler der Beine nicht korrigieren, man kann lediglich die Leistungsanforderung an das Pferd auf einem entsprechend niedrigen Level halten, um dem Pferd auf diese Weise die Chance zu geben, möglichst lange ohne Beschwerden laufen zu können.

Die säbelbeinige Stellung

Bei der säbelbeinigen Stellung steht das Pferd mit der Hinterhand weiter unter dem Körper. Die hinteren Röhrbeine zeigen dabei nicht senkrecht zum Boden, sondern schräg. Dadurch werden die Sprunggelenke in der Hinterhand stärker beansprucht, somit sind solche Pferde ebenfalls anfälliger für Verschleißerscheinungen. Säbelbeiner erkranken beispielsweise häufiger an Spat.

Manche Reiter freuen sich aber auch über ein säbelbeiniges Pferd, weil es die-

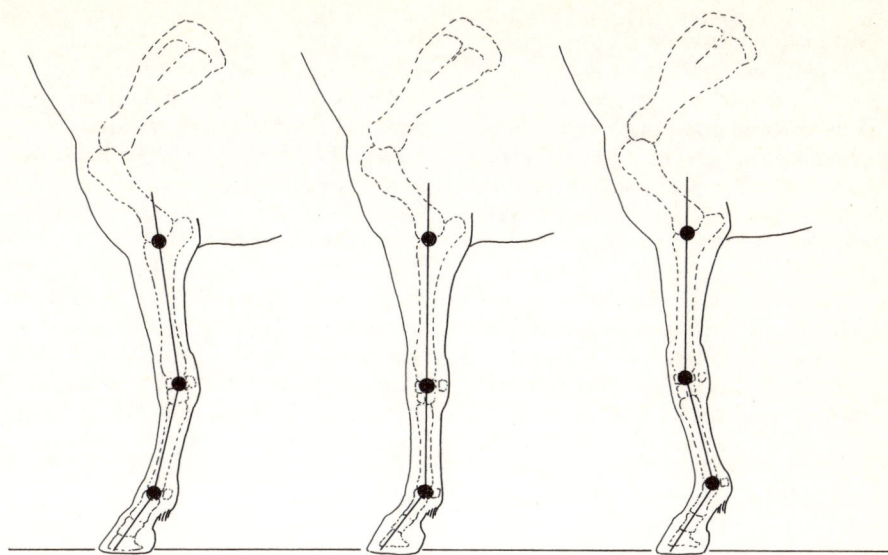

Oben (von links nach rechts): Die rückbiegige, normale und vorbiegige Stellung

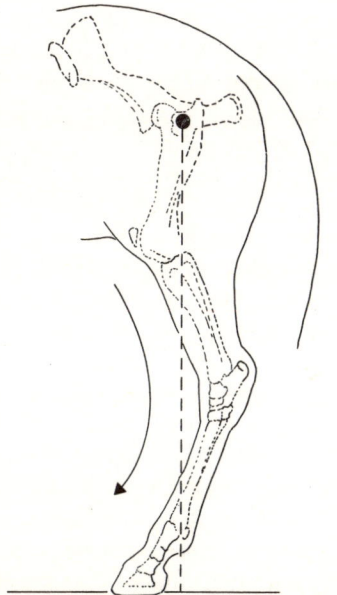

Die säbelbeinige Stellung

sem leichter fällt, sein Gewicht verstärkt
auf die Hinterhand zu nehmen. Beim
Westernreiten erweisen sich Säbelbeiner
auch als besonders gute Stopper.

Die kuhhessige Stellung

Sehr häufig ist die kuhhessige Stellung
bei Pferden anzutreffen. Dabei stehen
die Hufe weit auseinander und zeigen
nach außen. Dies hat zur Folge, daß die
Sprunggelenke sehr nahe beisammen
stehen. Von hinten betrachtet steht das
Pferd »x-beinig«. Diese Stellung belastet die Sprunggelenke stärker und kann
deshalb auch zu Spat oder anderen Verschleißerscheinungen führen.

Die kuhhessige Stellung kommt nicht
nur bei Pferden, sondern auch überwiegend bei Paarhufern vor – deshalb der

Hilfe durch Training

Stellungsfehler der Beine lassen sich nicht korrigieren. Eine kleine Chance hat man lediglich bei jungen Pferden, deren Knochen, Gelenke, Sehnen und Bänder noch weich und damit formbar sind. Doch größere »Verbiegungen« sind auch hier nicht zu korrigieren.

Jedes Pferd muß deshalb mit seinen Stellungsfehlern leben. Will man keine vorzeitigen Verschleißerscheinungen riskieren, sollte man als Pferdebesitzer Rücksicht auf ein derartiges Handikap nehmen. Trotzdem gibt es eine Chance, ein Pferd mit Stellungsfehlern vor frühzeitigem Verschleiß zu bewahren, wenn man die stärker belasteten Sehnen und Bänder gezielt trainiert.

Wie die Muskeln sind auch Bänder und Sehnen bis zu einem gewissen Grad trainierbar und damit stärker belastbar. Schließlich können durch ein weiterführendes Muskelaufbautraining die Sehnen und Bänder entlastet werden. Ein langsames, aber gezieltes Aufbautraining kann helfen, den Bewegungsapparat vor Überlastung zu schützen. Tierärzte und Physiotherapeuten sind bei der Ausarbeitung eines sinnvollen Trainingsplans unentbehrliche Berater.

Die kuhhessige Stellung

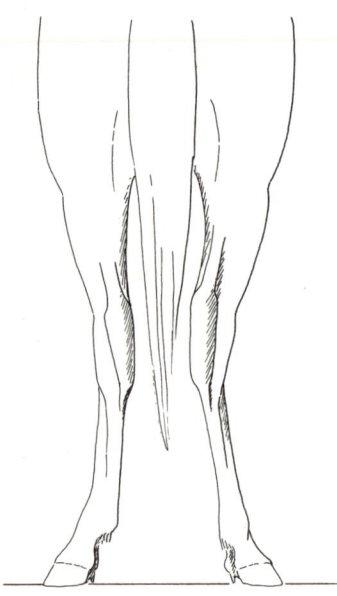

Name. Bei den Pferden tritt die kuhhessige Stellung vor allem bei naturnahen Rassen in Erscheinung, weshalb die Kuhhessigkeit als Stellungsfehler von einigen Pferdekennern nicht akzeptiert wird. In der Natur würde die Kuhhessigkeit nicht so häufig vorkommen, wenn sie so eklatant nachteilig für die Tiere wäre. Deshalb wird die Kuhhessigkeit oftmals nur als Schönheitsfehler gewertet, zumal man Pferden, die kuhhessig stehen, eine besonders gute Trittsicherheit nachsagt.

Möglicherweise haben kuhhessig stehende Fluchttiere gegenüber solchen mit »korrekt« ausgebildeten Gliedmaßen einen entscheidenden Vorteil: Auf der Flucht können sie mit den Hinterbeinen enorm weit vorgreifen, weil sie außen an den Vorderbeinen vorbeitreten können. Gepaart mit einer guten Trittsicherheit und Balance hat ein sol-

Auf der Flucht können kuhhessig stehende Pferde mit den Hinterbeinen weit ausgreifen, weil sie außen an den Vorderbeinen vorbeitreten.

ches Tier gute Chancen, seinem Feind zu entkommen. Vielleicht kommt diese Stellungsform deshalb so häufig bei Fluchttieren vor.

Die bärentatzige Stellung

Eine Sonderform in den Reihen der verschiedenen Stellungsformen stellt die bärentatzige Stellung dar. Das Hufbein ist hierbei steiler gestellt als das Fesselbein, die Achse vom Fesselgelenk zur Hufspitze ist deshalb nicht gerade, sondern gebrochen. Logischerweise hat das Pferd deshalb auch einen steilen Huf. Das Fesselgelenk ist dagegen weich und flach. Diese Stellung belastet sowohl die Sehnen und Bänder als auch die Gelenkflächen sehr stark.

Krankhafte Hufformen

Da die Hufform zum Großteil von der Beinstellung abhängig ist, sind die von der Idealform abweichenden Hufe wie flache, weite, enge oder steile immer noch als »normal« und akzeptabel einzustufen. Wenn diese Veränderungen jedoch über dieses Maß hinausgehen, muß man von einer krankhaften Hufverformung sprechen. Der Übergang vom normal geformten Huf zur akzep-

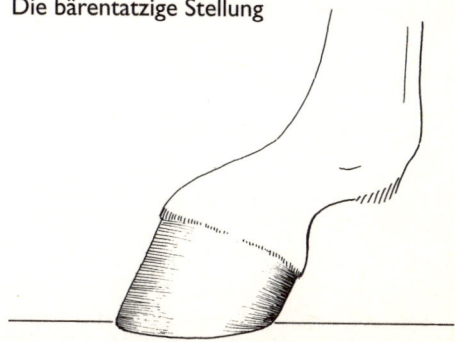

Die bärentatzige Stellung

tabel veränderten und zur krankhaften Hufform ist stets fließend. Krankhaft veränderte Hufe müssen einer fachgerechten Behandlung unterzogen werden, deshalb ist es für den Pferdebesitzer wichtig, die »normal veränderten« Hufformen von den krankhaft veränderten unterscheiden zu können.

Der Flachhuf

Aus einem weiten Huf kann sich unter Umständen ein Flachhuf bilden. Dies ist die extreme Form eines flachen und weiten Hufs, die einer dringenden Behandlung durch den Schmied bedarf. Der Flachhuf kann angeboren sein, aber auch durch stetes Laufen auf matschigem und weichem Untergrund entstehen. Manchmal ist auch ein schlechter Beschlag schuld an der Misere.

Die Hufqualität ist meistens sehr schlecht, und die Tragränder brechen oft aus. Im extremen Fall kann sich der Flachhuf auch zum Vollhuf entwickeln, wobei sich die Sohle so weit absenkt, daß keine Wölbung mehr vorhanden ist. Dadurch muß die Sohle zu viel Gewicht aufnehmen. Ein Sonderbeschlag, der hauptsächlich die Sohle entlastet, ist erforderlich. Das Pferd ist nicht mehr einsatzfähig, wenn sich der Flachhuf zum Vollhuf ausgebildet hat.

Der Zwanghuf

Beim Zwanghuf unterscheidet man zwischen
- dem relativ häufigen Trachtenzwanghuf,
- dem Tragrandzwanghuf und
- dem selteneren Sohlenzwanghuf.
Oftmals tendieren enge Hufe zum

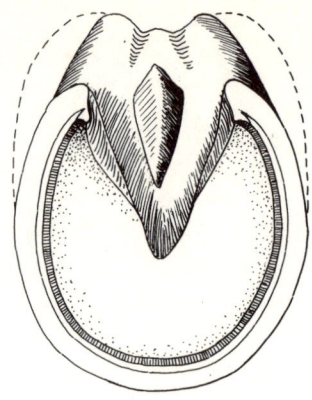

Beim Trachtenzwanghuf zieht sich die Hufwand im Bereich der Trachten nach innen.

Trachtenzwanghuf, und ein zu eng angelegter Beschlag fördert ebenfalls die Ausbildung zum Zwanghuf. In letzterem Fall kann man Abhilfe durch Barfußgehen schaffen. Es können aber auch unsachgemäße Hufpflege und Bewegungsmangel die Ursachen für den Trachtenzwanghuf sein. Beim Trachtenzwanghuf zieht sich die Hufwand im Bereich der Trachten nach innen. Dies kann dazu führen, daß die Trachtenwand fast parallel zum Boden verläuft und damit den Strahl einengt. Der Schmied muß versuchen, den Strahl wieder freizulegen. Beim Beschlag wird er darauf achten, daß die Trachten so belastet werden, daß sich die Wände nach außen schieben. Dies kann man durch ein Eisen erreichen, dessen Schenkel an den Innenseiten hochgezogen sind.

Beim **Kronenzwanghuf** ist der Huf unterhalb der Krone verengt. Diese Form kann auftreten, wenn ein Pferd mit weiten Hufen zum erstenmal beschlagen oder vom weichen Boden

Ein Spiegelbild der Gesundheit

Den Zustand eines Pferdes kann man leicht beurteilen, wenn der erste Blick auf die Hufe geht. Sie sind das Spiegelbild der Gesundheit eines Pferdes. Rillen im Huf oder andere Unregelmäßigkeiten deuten auf Futterumstellung oder gesundheitliche Probleme verschiedener Art hin, die innerhalb des letzten Jahres aufgetreten sind. Die Hufform läßt Rückschlüsse auf die Beinstellung und den Gang eines Pferdes zu. Sie beeinflußt daher auch das Leistungsvermögen.

Vor allem beim Pferdekauf sollte der erste Blick stets auf die Hufe gerichtet werden. Da sich die Hufe innerhalb eines Jahres vollständig erneuern, können sie aber nur Hinweise auf eventuelle Krankheiten geben, die das Pferd geplagt haben.

(Weidehaltung) abrupt auf hartes Geläuf umgestellt wird.

Der **Tragrandzwanghuf** entsteht häufig aus einem engen Huf oder bei jungen Pferden, deren Fohlenhufe sich durch unzureichende Bewegung nicht zu einem normal geformten Huf umwandeln. Hier kann nur eine ausreichende Bewegung und häufige Hufkorrektur Abhilfe schaffen. Beim Tragrandzwanghuf ist der Umfang des Tragrandes deutlich geringer als der des Kronrandes. Die Seitenwände laufen nach innen zu.

Eine seltenere Form des Zwanghufs ist der **Sohlenzwanghuf**, bei dem sich die Zehe nach innen schiebt und die Sohle stark aushöhlt. Die Pferde sind vor der Strahlspitze meist sehr schmerzempfindlich und gehen in fortgeschrittenem Stadium deshalb auch lahm.

Der Bockhuf

Einen übermäßig stumpfen Huf, dessen Hufwände nahezu senkrecht stehen, nennt man Bockhuf. Des öfteren tritt der Bockhuf auch bei Fohlen auf, wenn die Zehenwand zu stark abgenutzt wird und der Zehenknochen gleichzeitig stark wächst. Aber auch ältere Pferde können einen Bockhuf ausbilden, prädestiniert hierfür sind Pferde mit steil stehenden Hufen. Wenn nun die Zehe zu stark abgenutzt wird, die Trachten dagegen geschont werden, oder wenn Fehler bei der Bearbeitung der Hufe gemacht werden, kann sich ein Bockhuf bilden. Überwiegend tritt der Bockhuf an den Vordergliedmaßen auf.

Abhilfe kann nur die Ursachenbeseitigung und korrektes Zuschneiden der

Der Bockhuf

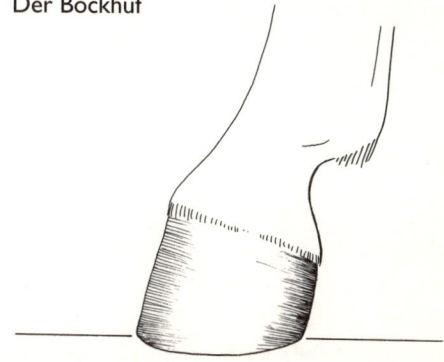

Hufe schaffen. Die Trachten müssen regelmäßig gekürzt und die Zehen geschont werden. Unterstützen kann man diese Maßnahme, wenn man ein halbmondförmiges Eisen aufnageln läßt. So werden die Zehen geschont, während sich die Trachten stärker abnützen.

Problemhufe

Unter dem Begriff Problemhufe sind alle Arten von Hufformen zu verstehen, die dem Pferd gesundheitliche Probleme bereiten. Hierzu gehören auch die krankhaft veränderten Hufformen, die aber im vorigen Kapitel zusammengefaßt worden sind. Andere Hufe können unter diese Kategorie fallen, wenn sie zwar nicht von ihrer Form her, aber anderweitig Probleme machen und dadurch die Einsatzfähigkeit oder die Gesundheit des Pferdes gefährden. Problematisch ist dabei in vielen Fällen die Hornqualität, die zu Rissen, Spalten oder Fäulnis führt. Die Qualität der Hornsubstanz ist aber wiederum abhängig von der Pflege, Haltung, Fütterung oder auch der erblichen Veranlagung. Die Ursachenforschung ist darum die Hauptaufgabe des Besitzers eines Pferdes mit problematischen Hufen.

Sprödes Horn

Um dem Huf die richtige Behandlung und Pflege zukommen zu lassen, aber auch um die Ursache für schlechte Hornqualität abstellen zu können, muß der Pferdebesitzer zunächst einmal erkennen, von welcher Art die problematischen Hufe sind. Bei sprödem Horn bricht der Huf leicht aus, und der Beschlag hält nicht lange, weil die Nägel keinen Halt finden. Die Ursache für sprödes Horn kann erbliche Veranlagung sein, häufig stimmt jedoch der Feuchtigkeitshaushalt nicht.

Trockenes Horn

Dem trockenen Huf fehlt die Feuchtigkeit. Die Auswirkungen sind sehr harte, aber leicht brüchige Hufe. Die Elastizität des Hufhorns ist stark herabgesetzt, deshalb kommt es häufig zu Rissen und Spalten im Huf. Trockene Hufe gehen mit engen Hufen einher, denn ein Pferd, das ständig auf einer nassen und weichen Weide gehalten wird, bildet vorwiegend weite Hufe aus, die dann kaum trocken sein werden.

Schwammiges Horn

Zuviel Feuchtigkeit abbekommen hat in der Regel ein Huf, dessen Hornqualität weich und schwammig ist. Der Huf ist meist weit und nicht besonders hart. Dies kann zum Ausbrechen der Hufwand führen. Feuchtigkeit ist sehr wichtig für den Huf, doch ist es von entscheidender Bedeutung, um welche Feuchtigkeit es sich handelt. Viele Pferde stehen in der Box – und damit in uringetränkter Einstreu. Diese Flüssigkeit ist aggressiv und greift den Huf an. Zunächst wird weiches Horn in Mitleidenschaft gezogen – der Strahl und die weiße Linie. Das Horn der weißen Linie wird mürbe und bröckelig. Es kann eine lose und hohle Wand entstehen, die sehr schnell wegbricht. In fortgeschrittenem Stadium wird der Huf regelrecht zersetzt, es kann zu Huffäule und sogar Hufkrebs kommen.

Hufpflege

Hufeaufheben

Wenn die Rede von der Hufpflege ist, denkt man an Pflegemittel oder Hufbeschläge. Doch zur Hufpflege gehört mehr, als die Hufe regelmäßig einzufetten oder zu beschlagen. Neben dem Wissen um die Anatomie, die Funktion und die Feuchtigkeitsversorgung darf die Fertigkeit des korrekten Aufhebens der Hufe nicht fehlen, denn dies ist die Grundvoraussetzung, um Hufe überhaupt bearbeiten und kontrollieren zu können. Für ein Pferd ist es keineswegs natürlich, auf drei Beinen zu stehen, deshalb muß es langsam daran gewöhnt werden – und zwar von Kindesbeinen an.

Schon das Fohlen sollte die Berührung der menschlichen Hand am ganzen Körper – und zur Vorbereitung auf das Hufeaufheben auch an den Beinen – akzeptieren.

Beim Fohlen

Zu den ersten Lektionen, die ein Pferd lernen muß, gehört das widerstandslose Hufaufheben. Obwohl die Bearbeitung der Fohlenhufe nur in Ausnahmefällen (Stellungsfehler und andere Abnormitäten) schon in den ersten Monaten notwendig ist, müssen die Hufe von Zeit zu Zeit kontrolliert werden, ob sich das Fohlen nicht einen Stein oder ähnliches eingetreten hat. Aus diesem Grund und weil es einem Fohlen noch leichter beizubringen ist als einem erwachsenen Pferd, gehört das Hufaufheben in den Lehrplan des Pferdekindergartens.

Es sollte selbstverständlich sein, daß man mit Bedacht an die Sache herangeht, schon allein deshalb, weil es sich für das Fohlen um etwas Unnatürliches handelt. Durch das Aufheben und Festhalten eines Beins wird dem Pferd die Fluchtmöglichkeit verwehrt. Außerdem muß es sein Gleichgewicht nun auf drei Beinen ausbalancieren, was anfangs für ein Pferd nicht einfach ist. Aus diesen Gründen ist es nicht verwunderlich, wenn sich die Tiere zunächst weigern, den Huf hochzuhalten. Die Pferde müssen also viel Vertrauen zum Menschen haben, bevor sie willig den Huf aufheben.

Beim Fohlen erreicht man das notwendige Vertrauen schnell, wenn man zunächst beginnt, es vorsichtig zu berühren und zu streicheln. Erst wenn sich das Tier überall ohne Widerstand anfassen läßt, umgreift man den Fesselkopf des Fohlens mit der ganzen Hand und übt einen leichten Druck aus. Besonders sensible Pferde ziehen jetzt schon das Bein weg, weil sie durch diesen Druck eine Einengung spüren, die ihnen Angst bereitet. Man sollte nun nicht versuchen, mit Gewalt das Bein festzuhalten, denn das junge Tier könnte in Panik geraten. Vielmehr ist es nützlicher, geduldig weiterzuüben, bis das

So werden Pferde schmiedefromm

Weil es sich beim Hufaufheben um eine unnatürliche Forderung an das Pferd handelt, ist viel Vertrauen notwendig, damit das Tier über einen längeren Zeitraum mit hochgenommenem Bein ruhig stehenbleibt. Das A und O liegt im Vertrauen des Pferdes zum Menschen, das nur durch viel Geduld und Einfühlungsvermögen erlangt werden kann.

Ebenso ist aber auch Disziplin notwendig, die man durch Konsequenz erreichen kann, wenn man kein Pferd haben möchte, das ständig das Bein wegzieht oder herumzappelt, weil es ungeduldig wird. Gut erzogene und fair behandelte Pferde sind immer schmiedefromm. Wenn sich ein Pferd nicht beschlagen lassen will oder Schwierigkeiten macht, die Hufe aufzuheben, liegt der Grund in den meisten Fällen in einer mangelhaften Erziehung und Inkonsequenz. Es können aber auch Schmerzen der Grund sein, wenn ein Pferd sich plötzlich gegen das Hufaufheben wehrt. Oft ist dann aber nur ein Bein betroffen.

Fohlen die Berührung und den Druck widerstandslos akzeptiert.

Jetzt kann man dazu übergehen, den Huf vom Boden abzuheben. Die große Gefahr dabei ist, daß das Fohlen nun das Gleichgewicht verliert und dadurch Angst bekommt oder sogar hinfällt. Es ist darum nicht richtig, dem Pferd regelrecht den »Boden unter den Füßen wegzuziehen«. Bevor das Bein vom Boden abgehoben wird, muß das Fohlen lernen, sein Gewicht auf die anderen drei Beine zu verlagern. Man hilft ihm dabei, wenn man an der Schulter oder an der Hüfte (je nachdem, welches Bein man anheben möchte) einen leichten Druck ausübt, der das Pferd dazu veranlaßt, sein Gewicht zu verlagern.

Dies bedarf selbstverständlich einiger Übung, denn kaum hat das Fohlen gelernt, auf allen vieren zu laufen, muß es nun plötzlich schon auf drei Beinen stehen können! Für ein junges Pferd ist dies beileibe keine einfache Übung.

Sobald man den Huf etwas hochgenommen hat, wird das Pferd bald wieder versuchen, das Bein zu belasten, weil es sich auf allen vieren doch sicherer fühlt.

Um das Vertrauen nicht zu verlieren, ist es wichtig, daß man das Bein nicht zu hoch und nicht zu lange hochhält, sondern nach einigen Sekunden wieder sanft auf die Erde setzt. Allerdings sollte man sich das Bein nicht aus der Hand reißen lassen, sondern darauf bestehen, daß man selber entscheidet, wann es abgesetzt werden darf.

Nicht vergessen darf man bei der ganzen Prozedur das Stimmkommando »Huf!«, »Fuß hoch!«, »Huf auf!« oder wofür immer man sich entscheidet. Wichtig ist, daß man stets das gleiche Kommando wählt, damit das Tier den stimmlichen Befehl mit dem Hufaufheben in Verbindung bringt. Das Pferd kann sich somit frühzeitig darauf vorbereiten, indem es das Gewicht bereits auf die anderen drei Beine verlagert. Das erleichtert dem Aufheber die Arbeit sehr.

Trainiert man mit einem Fohlen das Hufaufheben, sollte das Muttertier in der Nähe angebunden stehen, damit das Fohlen ruhig ist und sich ganz auf den Menschen konzentrieren kann. Es hat wenig Sinn, einen Versuch zu starten, wenn das Fohlen zappelig ist. Man wür-

Kitzlige Pferde

Grundsätzlich, aber ganz besonders bei kitzligen Pferden ist es wichtig, mit der Hand von der Schulter des Pferdes ausgehend über das Bein bis zum Fesselgelenk zu streichen, um den Huf aufzuheben.

Greift man direkt zum Huf hinab, kann das Pferd durch die plötzliche Berührung erschrecken. Dann zuckt es mit dem Bein hoch oder schlägt sogar instinktiv nach dem Menschen. Vor allem kitzlige Pferde werden dann auch zappelig und unruhig. Dies kann nicht passieren, wenn man das Pferd zunächst an einer weniger sensiblen Stelle wie dem Hals berührt und unter intensivem Kontakt bis zu den kitzligen Bereichen streicht.

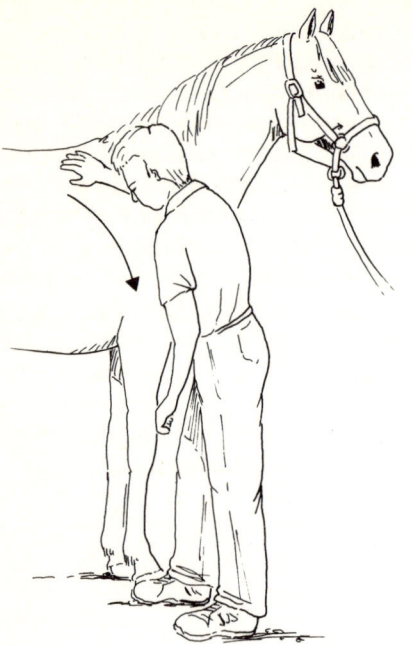

Das korrekte Aufheben des Vorderhufs

de am Fohlenfuß lediglich herumzerren, was dem jungen Tier dann Schmerzen verursacht. Es würde dadurch nur Angst bekommen und das Vertrauen verlieren. Das Hufaufheben muß immer in ruhiger Atmosphäre geschehen.

Aufheben der Vorderhufe

Obwohl das Pferd mit der Vorhand zwei Drittel seines Gesamtgewichts aufnimmt und die Hinterhand nur ein Drittel trägt, wird das Aufheben der Vorderhufe als einfacher empfunden als das Hochnehmen der hinteren Hufe. Das liegt zum einen daran, daß das Eigengewicht des Beins beim Vorderbein geringer ist als beim Hinterbein, und zum anderen, daß das Pferd in der Hinterhand mehr Kraft hat, das Bein eventuell weg-

zuziehen oder damit zu schlagen. In der Regel ist das Aufheben der Vorderhufe auch leichter, weil die Tiere dabei ihren Hals als Balancierstange einsetzen können. Sie sollten deshalb ausreichend lang angebunden werden, um ihnen genügend Bewegungsfreiheit zu verschaffen.

Man sollte es sich zur Angewohnheit machen, nur von vorne an ein Pferd heranzutreten, um ihm dabei die Gelegenheit zu geben, an der Hand zu schnuppern und um es am Hals zu streicheln. Ist das Tier ruhig, gleitet man nun mit der Hand an der Schulter über das Bein zum Huf hinab, um diesen aufzuheben. Man steht dabei direkt neben dem Pferd mit Blickrichtung auf den Schweif des Pfer-

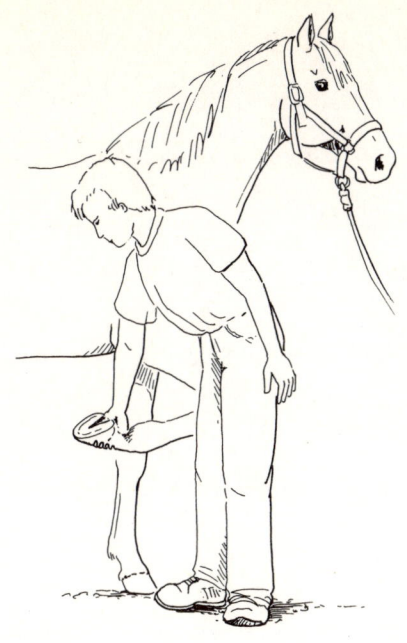

ter des Pferdes, damit es sein Gewicht auf die anderen drei Beine verlagert. Dies kann einige Sekunden in Anspruch nehmen, erst dann kann das Bein hochgenommen werden. Ein leichter Druck mit den Fingern unterhalb des Kötenbehangs kann dem Pferd als weiteres Signal dienen, den Huf zu heben.

Gehalten wird der Huf auf Höhe des Karpalgelenks, die Röhre bildet ungefähr eine waagerechte Linie. Auf diese Weise läßt sich der Huf mit der einen Hand (die dem Pferd zugewandt ist) leicht aufhalten. Die andere Hand ist frei, um den Huf zu bearbeiten.

Aufheben der Hinterhufe

Für das Aufheben der Hinterhufe gelten im Prinzip die gleichen Regeln wie für das Hochnehmen der vorderen Hufe. Wieder steht man direkt neben dem Pferd auf Höhe der Hinterhand mit Blick zum Schweif des Pferdes und gleitet mit der dem Pferd zugewandten Hand von der Kruppe über die Beine zum Huf hinab. Ein leichter Druck gegen die Hüfte des Pferdes, das Kommando »Huf!« und ein sanftes Anheben am Fesselkopf wird das Pferd dazu veranlassen, den Huf aufzuheben. Häufig wird der Fehler gemacht, das Bein seitlich zu sich herzuziehen, was dem Pferd äußerst unangenehm ist und ihm im extremen Fall sogar Schmerzen bereiten kann. Das Bein muß immer unter dem Pferdekörper nach hinten herausgeführt werden. Sobald dies geschehen ist, legt man das Bein auf dem Oberschenkel ab.

des. Die eigenen Füße stehen auf gleicher Höhe zu den vorderen Hufen des Pferdes. In dieser Position kann einen auch ein schlagendes Pferd nicht treffen.

Der Grund liegt darin, daß das Pferd sein Bein nur nach vorne und hinten bewegen kann, aber nur sehr begrenzt zur Seite. Das ist anatomisch bedingt, und deshalb ist es auch sehr wichtig, das Bein beim Aufheben der Hufe nicht zur Seite herauszuziehen. Dies würde dem Pferd Schmerzen verursachen. Die Folge davon wäre, daß das Tier versucht, sein Bein wegzuziehen und sich beim nächsten Mal weigert, den Huf hochzunehmen.

Sobald die Hand das Fesselgelenk umfaßt hat, gibt man das Kommando »Huf!«. Zugleich drückt man mit der eigenen Schulter sanft gegen die Schul-

Oben: Das Pferdebein darf beim Aufheben der Hufe nicht seitlich vom Pferdekörper weggezogen werden, weil dies dem Pferd Schmerzen verursacht: links richtig, rechts falsch.

Unten: Das korrekte Aufheben des Hinterhufs

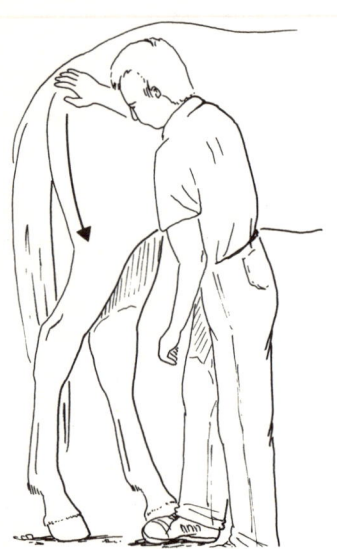

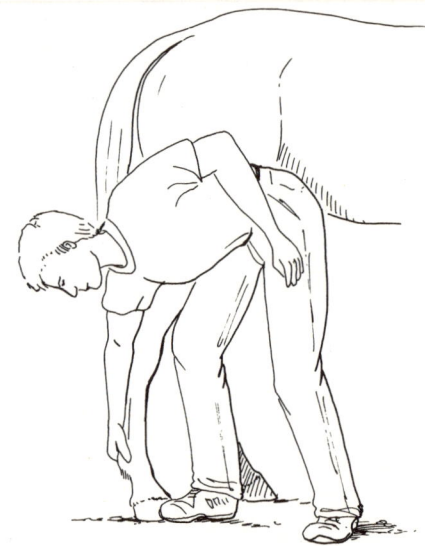

Nur auf Kommando!

Das Aufheben und Absetzen des Hufs sollte stets auf Kommando geschehen. Der Pferdebesitzer gewöhnt sich in der Regel eine bestimmte Reihenfolge an, in der er die Hufe seines Pferdes auskratzt oder bearbeitet. Meistens wird links vorne begonnen, es folgt der linke Hinterfuß und schließlich die rechte Seite. Das Pferd hat sich ebenfalls an diese Reihenfolge gewöhnt, so daß es schon den nächsten Huf vom Boden abhebt, bevor man das Kommando dazu gegeben hat. Das ist zwar sehr angenehm, wenn man seiner Gewohnheit nachgeht und die Hufe reihum aufzuheben gedenkt, weil einem das Pferd entgegenkommt. Trotzdem sollte man dem Pferd beibringen, erst auf Kommando den Huf aufzuheben, denn möchte man beispielsweise die Sehnen kontrollieren und fährt hierzu mit der Hand am Bein des Pferdes von oben nach unten, mißversteht das Pferd diese Handlung und hebt den Huf hoch. Das ist in dieser Situation sehr lästig, weil man das Bein dann nur sehr schlecht untersuchen kann. Deshalb soll das Pferd lernen, erst auf Kommando den Huf hochzuheben.

Die gleichen Grundsätze gelten, wenn man den Huf absetzen will. Der Huf läßt sich so auch einmal auf dem Knie ablegen, ohne ihn festhalten zu müssen. Das Pferd wird ihn dann nicht wegziehen wollen, weil es weiß, daß es den Huf nur auf Kommando auf den Boden setzen darf. Dies erleichtert die Arbeit am Huf beträchtlich.

Korrektes Absetzen des Hufs

Das Absetzen des Hufs auf den Boden ist mindestens genauso wichtig wie das Aufheben. Es muß fachgerecht geschehen, damit das Pferd das Gleichgewicht nicht verliert oder sich weh tut. Sobald man mit der Arbeit fertig ist, senkt man den Huf leicht ab und gibt dem Pferd das dafür bestimmte verbale Kommando. Das Pferd darf nun den Huf selbständig auf den Boden setzen. Es ist auch nicht verkehrt, wenn die Hand solange am Huf bleibt, bis dieser sicher auf dem Untergrund steht.

Falsch dagegen ist es, das Bein einfach loszulassen. Das Pferd könnte aus dem Gleichgewicht kommen, mit ziemlicher Sicherheit wird der Huf jedoch auf den

Boden knallen, was dem Pferd Schmerzen bereitet und im schlimmsten Fall sogar zu einem Hufbeinbruch führen kann. Das Aufprallen des Hufs am Boden passiert hauptsächlich dann, wenn das Pferd den Huf locker hochhält und nicht verkrampft ist. Eine lockere Haltung ist aber wünschenswert, und man sollte sich dies nicht dadurch verderben, daß man das Bein nach beendeter Arbeit einfach fallen läßt. Das Pferd würde den Huf in Zukunft nur noch unwillig aufheben oder zumindest nicht mehr locker stehen, sondern die Muskeln anspannen. Dies wäre dann für den Menschen und fürs Pferd gleichermaßen anstrengend. Deshalb sollte man darauf bedacht sein, den Huf sanft auf der Erde abzusetzen.

Läßt man das Bein einfach los, provoziert man außerdem, daß das Pferd den Huf selbständig wegzieht, anstatt auf das Kommando des Aufhebers zu warten.

Die amerikanische Methode

In Europa ist es üblich, daß die Bearbeitung der Hufe durch den Schmied mit Zuhilfenahme eines Aufhalters erfolgt. So hat der Schmied beide Hände frei und kann sich ganz auf die Bearbeitung des Hufs konzentrieren.

Immer stärker setzt sich aber auch in Europa die amerikanische Methode durch, bei der ein einzelner sowohl den Huf aufhalten als diesen auch mit beiden Händen bearbeiten kann. Der Schmied ist nicht mehr auf einen Aufhalter angewiesen, und sogar der Pferdebesitzer kann selbständig die Hufe seines Pferdes bearbeiten, wenn er das notwendige Wissen und die entsprechende Fertigkeit erworben hat.

Das Aufheben des Hufs erfolgt zu Beginn ganz nach der oben beschriebenen, üblichen Methode. Wenn man ein Vorderbein aufgehoben hat, klemmt man den Huf bei der amerikanischen Methode nun zwischen die Knie. Hierzu führt man das Bein des Pferdes von hinten nach vorne zwischen die eigenen Beine hindurch, stellt die Zehenspitzen nach innen und drückt die Knie zusammen. Sehr wichtig ist, daß man dabei ganz dicht am Pferd steht, damit man das Bein nicht seitlich herauszieht. Hat man den Huf zwischen die Knie geklammert, sind beide Hände für die Arbeit frei. Auf diese Weise kann das Pferd sein Bein auch nicht leicht wegziehen.

Diese Stellung ist am Anfang recht ungewohnt und anstrengend, weil man dabei auch etwas in die Knie gehen muß. Mit etwas Übung klappt es aber immer besser. Es ist auch keine Schande, wenn man den Huf mehrere Male absetzt, um eine Verschnaufpause einzulegen. Auch das Pferd wird kleinere Pausen zwischendurch als angenehm empfinden.

Beim hinteren Huf ist die Technik etwas anders, weil es schwerer ist, den Huf zwischen die Knie zu klemmen. Sobald man den Huf aufgehoben und etwas nach hinten herausgezogen hat (keines-

Oben: Das Abspritzen der Pferdebeine im Sommer ist für das Pferd eine angenehme Erfrischung. Auf diese Weise bekommt auch der Huf genügend Feuchtigkeit ab. Das regelmäßige Abspritzen der Hufe ist vor allem bei Pferden sinnvoll, die auf Sägemehleinstreu stehen.
Unten: Auch die Wasserdurchquerung bei einem Ausritt führt dem Huf Feuchtigkeit zu und kann zu einem ausgeglichenen Feuchtigkeitshaushalt beitragen.

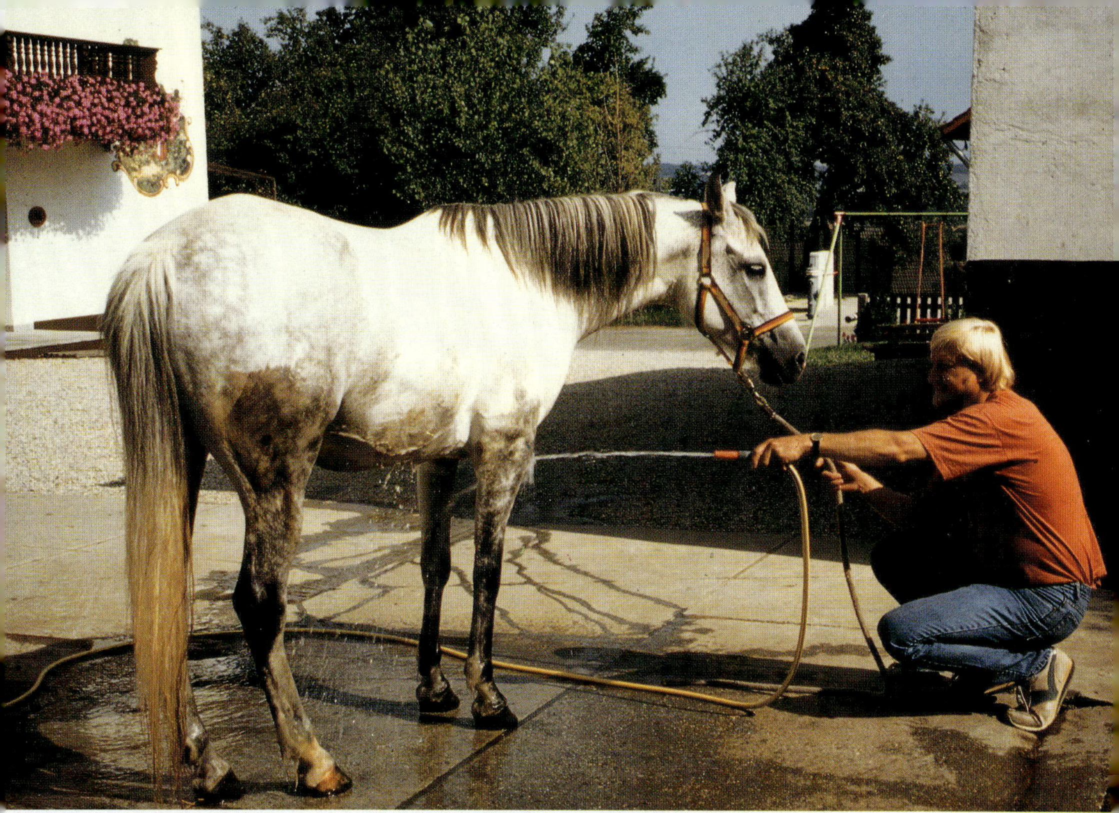

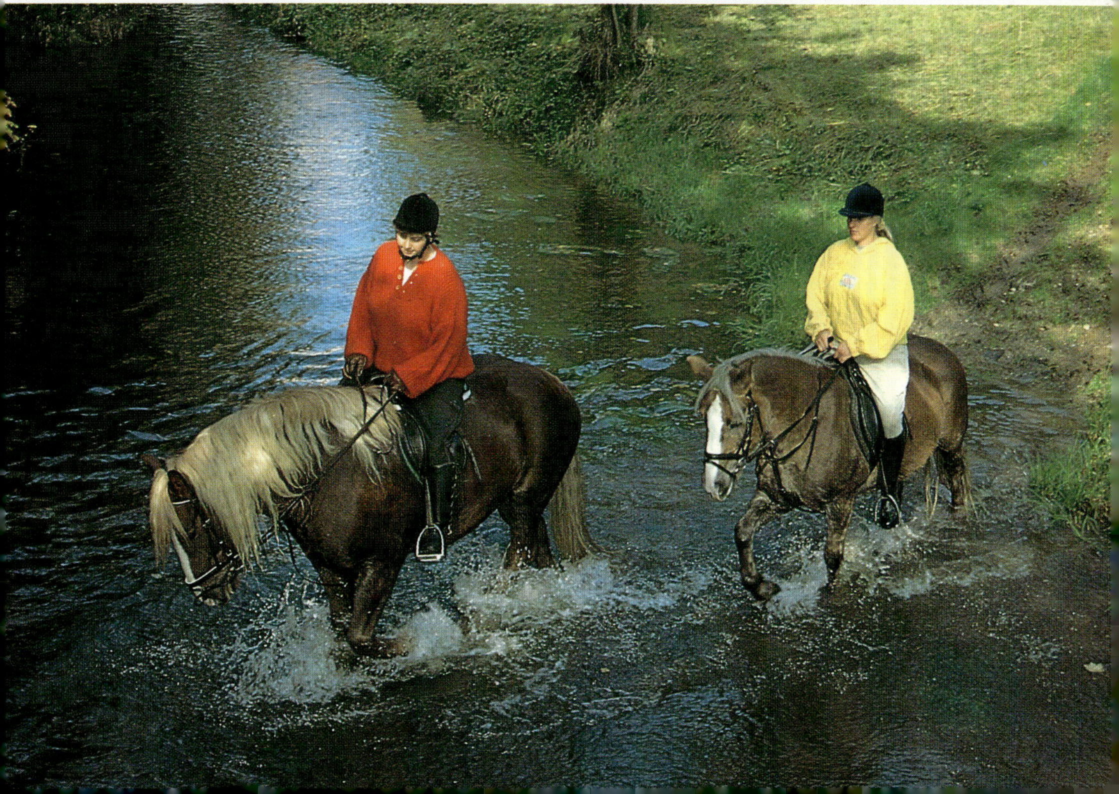

Achtung, Rückenschmerzen!

Die Arbeit am Huf erfordert stetiges Bücken und kann deshalb die Bandscheiben extrem belasten. Deshalb sollte man seinen Rücken nach Möglichkeit gerade halten. Dabei geht man etwas in die Knie und bildet ein leichtes Hohlkreuz. So kann man Bandscheibenvorfällen vorbeugen, indem die Oberschenkelmuskulatur die Haltearbeit verrichtet.

falls zur Seite!), legt man das Pferdebein über dem Oberschenkel ab. Auf diese Weise findet das hintere Bein des Pferdes guten Halt, und man kann den Huf ohne Aufhalter bearbeiten.

Für die Berundung des Tragrands beispielsweise ist es notwendig, das Bein des Pferdes nach vorne aufzuheben. Beim Vorder- wie Hinterbein stellt man sich dabei mit dem Rücken zum Pferd und legt den Huf über seinem Oberschenkel ab. Somit ist das Bearbeiten des Tragrands auch kein Problem mehr. Man kann aber auch einen Hufbock zu Hilfe nehmen, auf dem der Huf abgestellt wird. Allerdings belassen ihn manche Pferde nicht geduldig auf dem Bock, wenn kein Helfer das Bein zusätzlich festhält.

Rechts: Bei der amerikanischen Methode klemmt man den Huf nach dem Aufheben zwischen die Knie. Damit hat man beide Hände zur Bearbeitung des Hufs frei.

Artgenossen stellen nicht nur den notwendigen Sozialkontakt sicher, sondern animieren sich gegenseitig zu mehr Aktivität, welche die Durchblutung und damit das Hufwachstum fördert.

Schwierigkeiten mit einem Bein

Normalerweise haben die wenigsten Pferdebesitzer damit Probleme, daß ihre Tiere die Hufe nicht aufheben wollen. Wenn doch, ist fast immer mangelhafte Erziehung der Grund. Auf die Problematik, daß Pferde allein mit den Hinterhufen oder aber auch nur mit einem Bein Schwierigkeiten machen, trifft man

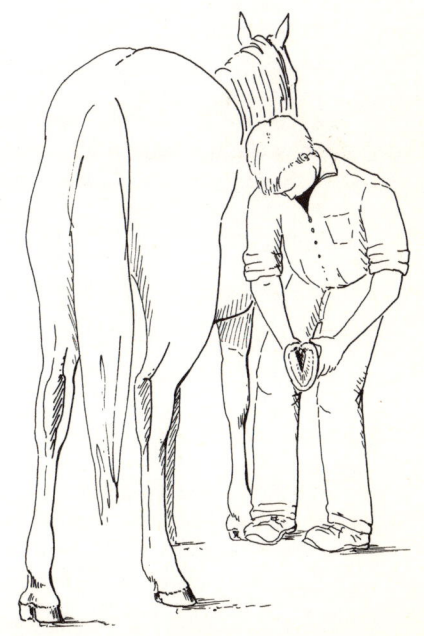

häufiger. Oftmals sind die Gründe hierfür unerklärlich, wenn die Vorderbeine anstandslos aufgehoben werden können, sich das Pferd aber bei den Hinterbeinen vehement wehrt.

Es kann daran liegen, daß das Pferd an den Hinterbeinen extrem kitzlig ist. Dies äußert sich in der Regel durch blitzartiges Hochziehen des Beins bei der kleinsten Berührung. Dabei kann es auch passieren, daß das Pferd gezielt nach dem Menschen schlägt. Das ist sehr unangenehm und auch gefährlich.

Will ein Pferd die Hinterbeine oder auch nur ein einzelnes Bein nicht aufheben, kann es aber auch daran liegen, daß es Schmerzen hat. Wenn sich das Pferd weigert, den linken Hinterhuf vom Boden zu heben, kann es Schmerzen im rechten Hinterbein haben. Nimmt das Pferd das linke Bein vom Boden weg, lastet auf dem rechten Fuß mehr Gewicht. Ist dieses Bein erkrankt und hat das Pferd bei stärkerer Belastung Schmerzen, wird es sich weigern, das gegenüberliegende Bein aufzuheben.

Die Methode für Profis

Damit das Pferd sein Gewicht nicht auf den hochgenommenen Huf verlagert, gibt es auch noch eine andere Methode, die allerdings nur Profis vorbehalten bleiben sollte, weil sie – falsch angewandt – zu schweren Verletzungen führen kann. Hierbei wird um das Fesselgelenk ein Seil geknotet, das über die Schulter und um den Widerrist gebunden wird. Auf diese Weise wird ein Vorderhuf quasi aufgehängt. Auch das Hinterbein kann man auf diese Art hochbinden. Das Seil wird dabei ebenfalls um die Schulter und den Hals gelegt.

Will das Pferd den hochgebundenen Huf nun belasten, würde es mit seinem Gewicht gegen sich selbst drücken. Es kann das Bein aber auch nicht auf den Boden stellen und würde somit das Gleichgewicht verlieren. Die meisten Pferde erkennen sehr schnell, daß sie keine andere Chance haben, als ihr Gewicht auf die drei anderen Beine zu verlagern. Im schlimmsten Fall kann ein Pferd dabei aber auch hinfallen. Deshalb darf es bei dieser Prozedur niemals zu kurz angebunden werden. Außerdem muß der Untergrund entsprechend weich sein, damit sich das Pferd im Falle eines Sturzes nicht verletzt.

Pferde, die einmal hingefallen sind, merken sich dies für ihr ganzes Leben, und sie werden es niemals wieder versuchen, das aufgehobene Bein zu belasten. Doch **die Methode ist gefährlich** und für den Hausgebrauch nicht empfehlenswert.

Wichtig: Das Seil des hochgebundenen Beines darf nicht verknotet werden! Statt dessen läßt man es von einer Hilfsperson festhalten, die dann bei panischen Reaktionen des Pferdes sofort nachlassen kann.

Absolut **ungeeignet** und sehr gefährlich ist eine andere Art, ein Vorderbein hochzubinden. Dabei wird ein Steigbügelriemen verwendet, der beim angewinkelten Bein um den Unterarm und das Röhrbein festgezurrt wird und im Notfall daher nicht mehr schnell genug abzunehmen ist.

Die Schmerzen können aber auch im Rücken liegen. Ursachen können beispielsweise Verspannungen, aber auch Verrenkungen sein.

Im Lahmheitsfall sollten Schmied und Tierarzt stets zusammenarbeiten, aber auch wenn das Pferd noch nicht lahm geht, kann es Schmerzen haben. Die ersten Anzeichen dafür können ein unwilliges Aufheben des gegenüberliegenden Hufs sein. Der Verdacht auf Schmerzen liegt vor allem dann nahe, wenn das Pferd bislang beim Hufaufheben keine Probleme gemacht hat.

Schwere Beine

Nur zu häufig versuchen viele Pferde, ihr Gewicht auf alle vier Beine zu verteilen, obwohl man einen Huf aufgehoben hat. Das Pferd lehnt sich dabei gegen den Menschen, der in der Regel tapfer dagegenhält und krampfhaft versucht, den Huf in der Luft zu halten.

Dem Pferd ist es bequemer, sein Gewicht auf allen vier Beinen auszubalancieren. Deshalb stützt es sich häufig auf den Menschen, der gerade einen Huf aufgehoben hat und unter der Last stöhnt und ächzt. Bestenfalls fleht er das Pferd noch an: »Mach dich doch bitte nicht so schwer!« Das nützt natürlich nichts, denn das Pferd fühlt sich pudelwohl.

Hier hilft nur eine entsprechende Erziehung. Das Pferd muß lernen, sein Gewicht auf drei Beinen auszubalancieren. Die beste Möglichkeit ist, den Huf des Pferdes blitzartig abzusenken, sobald das Pferd sein Gewicht auf das aufgehobene Bein legt. Man darf dem Vierbeiner aber nicht erlauben, den Huf nun auf dem Boden abzustellen, denn damit

Viele Pferde legen ihr Gewicht auf das aufgehobene Bein. Hier hilft nur eine entsprechende Erziehung.

würde man ihm ja die Möglichkeit geben, alle viere wieder gleichmäßig zu belasten. Vielmehr gibt man mit der Hand so weit nach, daß der Huf nur noch fünf bis zehn Zentimeter über dem Boden gehalten wird. Das vermittelt dem Pferd den Eindruck, daß es keinen Halt mit dem aufgehobenen Bein bekommt. Um nicht hinzufallen, muß es sein Gewicht schleunigst auf die drei anderen Beine verlagern, die fest auf dem Boden stehen.

Bei dieser Erziehungsmethode ist noch kein Pferd wirklich hingefallen, doch es kommt kurzzeitig aus dem Gleichgewicht, und dies ist ihm unange-

nehmer, als sein Gewicht auf drei Beinen auszubalancieren. Also niemals mit Kraft dagegenhalten, wenn das Pferd sich auf das hochgenommene Bein lehnt! Die Devise heißt: Sofort nachgeben, um dem Pferd zu zeigen, daß es mit diesem Bein momentan keinen Halt finden kann. Wichtig ist aber auch, daß das Pferd den aufgehobenen Huf nicht am Boden absetzen kann. Dann ist der Erfolg bald garantiert, und das Pferd wird sein Gewicht brav auf die anderen drei Beine verlagern und niemals mehr den hochgenommenen Huf belasten wollen.

Allgemein schwierige Pferde

Wenn Pferde beim Hufeaufheben Schwierigkeiten machen, liegt dies in den meisten Fällen an einer mangelhaften Erziehung. Sie benehmen sich dann

Achtung, gefährlich! Auf das Hochbinden des Beins sollte man in jedem Fall verzichten, weil diese Prozedur sehr gefährlich werden kann, wenn das Pferd unruhig wird.

normalerweise auch unter dem Reiter ungezogen, in schlimmen Fällen sind es Steiger, Durchgänger oder Beißer.

Will man bei solchen Pferden die Hufe aufheben und bearbeiten, kann es zu Schwierigkeiten kommen, die ein Beschlagen oder Ausschneiden fast unmöglich machen. Häufige Untugenden sind dabei, daß das Pferd dem Aufheber den Huf aus der Hand zieht und womöglich auch gezielt nach dem Menschen ausschlägt. Andere Pferde wiederum sind zappelig und können keine zwei Minuten ruhig stehenbleiben. Manch andere beißen sogar, und wieder andere drücken den Aufheber mit Vorliebe gegen die Boxenwand.

Hier hilft nur konsequentes Durchgreifen. Der richtige Zeitpunkt hierfür ist aber nicht, wenn gerade der Schmied am Hof ist und die Hufe des Pferdes beschlagen oder ausschneiden will, denn er hat nicht die Zeit, sich auch noch um die Erziehung des Pferdes zu kümmern. Er hat auch wenig Lust, darauf zu warten, bis der Besitzer dem Tier eine Lektion erteilt hat und er vielleicht endlich einmal an die Hufe herankommt. Es ist die Pflicht eines jeden Pferdebesitzers, sein Pferd schon vorher entsprechend zu erziehen und auf den Schmiedbesuch vorzubereiten. Auch der Tierarzt ist dafür sehr dankbar. Wenn man selber an den Hufen arbeiten will, sollte man bei einem schwierigen Pferd – wenn man ein solches nun einmal hat – ebenso zuerst daran gehen, es entsprechend zu erziehen.

Das bedeutet, daß man zunächst nur vorgibt, als wolle man an den Hufen arbeiten. Erreichen möchte man aber lediglich, daß das Pferd widerstandslos den Huf aufhebt und dabei ruhig und geduldig stehenbleibt. Konsequenz ist hier oberstes Gebot, jeder Ungehorsam sollte mit scharfen Worten bestraft werden, der eine oder andere Klaps wird in den meisten Fällen wohl auch nötig werden. Dafür darf man aber auch das ausgiebige Lob nicht vergessen, wenn sich das Pferd artig benimmt. Man sollte täglich das Hufaufheben trainieren und sich hierfür bei schwierigen Pferden mindestens eine halbe Stunde am Tag Zeit nehmen. Viel Geduld und Konsequenz sind notwendig, bis sich das Pferd für den leichteren Weg entscheidet, stillhält und somit seinem Besitzer die

Arbeit am Huf erleichtert. Diese notwendige Kooperationsbereitschaft des Pferdes muß trainiert werden, man darf sie nicht von Grund auf erwarten.

Die tägliche Pflege

Es ist erstaunlich, wie viele Pferdebesitzer großen Wert darauf legen, daß ihre Tiere ein sauberes, glänzendes Fell haben. Dabei werden sie eifrig geputzt, gestriegelt, und manchmal werden mit dem Staubsauger noch die letzten Schmutzreste entfernt. Auch der Huf soll glänzen, also wird der Dreck von der Hufwand weggekratzt und diese dick mit Fett eingeschmiert.

So sieht die Pferdepflege bei vielen Leuten aus. Hauptsache ist, daß das Pferd optisch einen netten Eindruck macht. Mit einem solchen Pferd kann man sich sehen lassen.

Leider aber ist dies falsch verstandene Pflege. Zur Pflege gehören für den Menschen Begriffe wie Sauberkeit, Glanz und Duft. Pferdepflege hat aber ganz andere Zielsetzungen, nämlich in erster Linie, die Gesundheit der Tiere zu erhalten. Deshalb muß man der Pferdepflege nicht nur Komponenten wie Sauberkeit und den Einsatz von Salben, Ölen oder Fetten zuordnen, sondern es spielt auch die Haltung und Fütterung eine Rolle. Ganz besonders trifft dies auf den Huf zu.

Zur richtigen Pflege gehört auch die individuelle Betreuung der Pferdehufe. Es gilt genau zu beobachten, welche Behandlung der Huf braucht, denn diese kann – je nach Haltung, Hufform oder Hornqualität – sehr unterschiedlich sein. Es gibt also kein allgemeingültiges

Rezept, wie der Huf zu pflegen ist, es kommt jeweils auf die Umstände an. Einige prinzipielle Pflegetips gelten immer, andere (vor allem der Einsatz von Pflegemitteln) müssen kritisch von Fall zu Fall geprüft werden.

Das Auskratzen

Das Auskratzen des Hufs sollte Bestandteil der täglichen Pflege sein. Es dient vor allem der Kontrolle des Hufs, der frühzeitigen Erkennung von Krankheiten wie Huffäule sowie der Entfernung von Fremdkörpern, die dem Huf schaden könnten. Ob die Hufkontrolle täglich erfolgen kann, hängt in erster Linie von der Haltung des Pferdes ab.

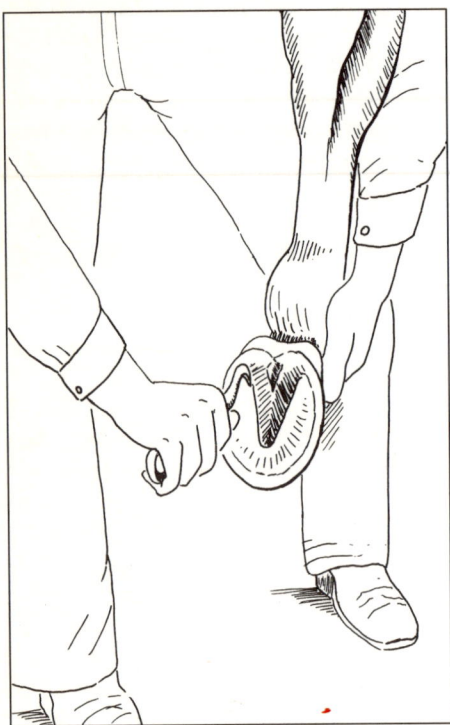

Steht das Pferd den ganzen Tag in einer Box, wird es kaum Gelegenheit haben, sich Steinchen einzutreten. Dafür aber wird sich Kot und uringetränkte Einstreu an der Hufsohle ansammeln. Offenstallpferde, die in Ausläufen mit natürlichem Boden stehen, können sich dagegen sehr wohl Steinchen eintreten. Dafür wird man kaum stinkenden Kot entfernen müssen, vielmehr sind die Hufe bei Regenwetter verschlammt. Manche Pferde haben das Glück, in einem großen Herdenverband auf einer Weide leben zu können. Es ist dann kaum möglich, alle Pferde täglich einzufangen und die Hufe zu kontrollieren. In diesem Fall ist es auch nicht unbedingt jeden Tag erforderlich, nach den Hufen zu sehen, weil auf natürlichem, weichem Wiesenboden die geringste Gefahr besteht, daß sich die Pferde Fremdkörper eintreten oder Substanzen an den Huf kommen, die ihm schaden und deshalb entfernt werden müssen.

Die Kontrolle des Hufs sollte jedoch lieber einmal zu oft als zu wenig geschehen, die Faustregel lautet deshalb auch: **Möglichst einmal am Tag.**

Beim Auskratzen des Hufs wird ein Hufkratzer verwendet, der nicht scharfkantig oder zu spitz sein darf, damit das Horn nicht verletzt wird. Zunächst entfernt man den groben Schmutz. Nun allerdings ist es angebracht, vorsichtiger vorzugehen und sich bei der Säuberung langsam bis zum Hufhorn vorzuarbeiten. Sehr wichtig ist die Reinigung der

Das Hufeauskratzen sollte Bestandteil der täglichen Hufpflege sein. Es dient der Kontrolle des Hufs auf Krankheiten und eingetretene Fremdkörper.

Strahlfurchen, weil sich dort mit Vorliebe Steinchen festsetzen. Die Furchen sollten aber nur mit viel Gefühl ausgekratzt werden, es ist darauf zu achten, daß man keine Hornsubstanz wegkratzt.

Bei beschlagenen Pferden darf man auch nur sehr vorsichtig die Fuge zwischen Tragrand und Eisen reinigen, keinesfalls sollte man mit dem Hufkratzer versuchen, unter dem Eisen Horn mit herauszukratzen. Dadurch können Hohlräume zwischen Huf und Eisen entstehen, in die sich Fremdkörper schieben können. Damit verliert der Huf aber auch seine gleichmäßige Auflage und ist Spannungen ausgesetzt. Verbiegungen der Hornwand können die Folge sein.

Bei unbeschlagenen Pferden sollte man die weiße Linie sehr gewissenhaft mit dem Hufkratzer nachfahren, um zu untersuchen, ob sich dort Steinchen festgesetzt haben. Die weiße Linie ist von weicher Hornsubstanz, deshalb können dort sehr schnell Steinchen, aber auch Nägel oder Glasscherben eindringen, die dann Auslöser von Entzündungen sein können. Doch auch hier darf man nicht zu fest herumkratzen, damit man diese weichere Hornsubstanz nicht schädigt.

Es genügt, wenn man nach grober Reinigung mit der Hufkratzerspitze leicht den Tragrand abklopft. Sobald man ein helles Klicken vernimmt, steckt ein Fremdkörper im Horn.

Das Säubern der Hufkapsel

Die Sauberhaltung der Hufkapsel, die von der dünnen Glasurschicht überzogen ist, dient lediglich dem optischen Eindruck, wenn sich Erde und Lehm am Huf festgesetzt haben.

Kotreste und uringetränkte Einstreu müssen im Gegensatz zu Lehmverkrustungen in jedem Fall entfernt werden, weil sie über kurz oder lang auch dieses harte Horn angreifen und zersetzen.

Die Reinigung erfolgt mit einer weichen Bürste oder noch besser mit einem Schwamm und klarem Wasser. Mit einer zu harten Bürste würde man die Glasurschicht wegkratzen, vor allem aber würde man die Lederhaut am Kronrand verletzen. Praktisch ist auch das Abspritzen des Hufs mit dem Wasserschlauch.

Das Säubern der Hufkapsel dient zur Kontrolle des Hufwachstums, zur Erkennung von eventuellen Rissen, Verletzungen oder Rillen.

Die Pferdehaltung

Wie bereits angesprochen, hängt die individuelle Hufpflege sehr stark von der Haltung ab. Sie ist auch mitverantwortlich für die Entwicklung des Hufs, seines Wachstums und seiner Gesunderhaltung. Die richtige Pferdehaltung ist für den Huf tatsächlich wichtiger als das beste Pflegemittel, das der Markt zu bieten hat.

Der Huf steht ständig mit dem Boden in Verbindung. Aus diesem Grund ist der Untergrund in Box und Auslauf von großer Bedeutung. Aber auch die Belastung, die auf den Huf einwirkt, die Bewegung und äußere Einflüsse beeinflussen die Hornqualität und deshalb auch die Gesunderhaltung der Hufe.

Der Feuchtigkeitshaushalt

Jeder Huf benötigt eine gewisse Menge Feuchtigkeit. Ohne Feuchtigkeit würde das Horn austrocknen, es würde hart und unelastisch werden. Die Folge wären Risse im Huf.

Feuchtigkeit gewährleistet die Elastizität des Hufs. Elastizität ist notwendig, weil der Huf als Stoßdämpfer fungiert und so Prellungen und Stauchungen in den Beinen beim Auffußen verhindert.

Zuviel Nässe kann allerdings ebenfalls schaden, weil das Horn zu elastisch und weich wird. Huffäule und Wandausbrüche können die Folge sein. Es liegt darum am Pferdehalter, das richtige Mittelmaß zu finden, damit der Huf genügend Feuchtigkeit aufnehmen kann, jedoch nicht ständiger Nässe ausgesetzt ist.

Man kann dabei ein wenig mit bestimmten Hufpflegemitteln nachhelfen, doch primär ist die Pferdehaltung für einen ausgeglichenen Feuchtigkeitshaushalt des Pferdes verantwortlich.

Für die richtige Pflege des Hufs ist es außerdem wichtig, zu wissen, daß die Feuchtigkeit in erster Linie über die weichen Hornteile eindringen kann. Das sind vor allem der Strahl an der Sohle und am Kronrand, wo die Hornneubildung der Hufwand stattfindet.

Die weichen Hornteile speichern circa 40 Prozent Feuchtigkeit, während hartes Horn nur an die 20 Prozent Wasser enthält. Ein kleiner Test zeigt, daß der Huf tatsächlich ein sehr feuchtes Element ist: Stellt man das Pferd im Sommer einige Minuten auf einen Betonboden und führt es dann von der Stelle weg, kann man die feuchten Hufabdrücke am Boden sehen. Da weiches Horn mehr Feuchtigkeit speichern kann, kann es auch mehr abgeben. Der feuchte Hufabdruck auf dem Betonboden zeigt dies deutlich.

Boxenhaltung

Leider ist eine artgerechte Haltung nicht allen Pferdebesitzern möglich, zieht man nur einmal Großstädte in Betracht, in denen nicht der Platz vorhanden ist, große Weiden für Pferde anzulegen. Dennoch haben sich dort Reitställe angesiedelt, weil auch in Großstädten pferdeliebende Menschen wohnen, die in ihrer Freizeit reiten wollen. Manchmal ist deshalb die Boxenhaltung unumgänglich, auch wenn sie in vielen Betrie-

Die Natur ist das beste Pflegemittel

Logischerweise muß der Huf von Natur aus so beschaffen sein, daß er ohne Pflegemittel auskommt. Ansonsten hätte das Pferd die über Millionen Jahre dauernde Entwicklung gar nicht überstehen können.

Wenn also das Pferd natürlichen Begebenheiten – die seiner Art entsprechen – ausgesetzt ist, kommt auch dem Huf die notwendige Pflege zu, die er benötigt, um gesund zu bleiben. Zusätzliche Pflegemittel sind deshalb überflüssig, viel wichtiger ist die artgerechte Haltung.

ben ohne großen Aufwand in eine Auslaufhaltung umgewandelt werden könnte. Wenn es irgendwie möglich ist, sollte man diese Möglichkeit immer in Betracht ziehen, denn die Haltung in Boxen wirkt sich nicht nur negativ auf das allgemeine Wohlbefinden eines Pferdes aus, sondern beeinträchtigt auch die Gesundheit der Hufe.

Bei der Haltung in Boxen stehen die Pferde notgedrungen im eigenen Mist.

Meist sind die Boxen nicht größer als neun Quadratmeter, große Pferde können sich gerade eben noch umdrehen. Ihrem Kot können sie dabei nicht ausweichen. Auch wenn die Box peinlichst sauber gehalten und mindestens zweimal am Tag gemistet wird, treten die Pferdehufe in den Kot und stehen auf uringetränkter Einstreu.

Wird der Huf nicht wenigstens regelmäßig gereinigt, kann es zur Strahlfäule

Die Boxenhaltung beeinträchtigt nicht nur das allgemeine Wohlbefinden, sondern auch die Gesundheit der Hufe.

kommen, weil er durch die aggressive Flüssigkeit angegriffen und das Horn dabei zerstört wird. Auch in die weiße Linie (= weiche Hornsubstanz) können schnell Bakterien eindringen und ihr zerstörerisches Werk beginnen (»White Line Disease«). Die Reinigung der Hufe bei einem Boxenpferd ist neben einer peniblen Sauberhaltung der Box deshalb täglich angesagt. Es muß immer genügend frische Einstreu vorhanden sein, nasses Stroh oder Sägemehl muß möglichst schnell entfernt werden.

Uringetränkte und mit Kot verunreinigte Einstreu ist nicht die alleinige Ursache für diverse Hufleiden oder schlechte Hornqualität. Problematisch ist auch die mangelnde Bewegung, unter der Boxenpferde in der Regel leiden. Es nützt wenig, die Pferde für eine oder zwei Stunden am Tag zum Reiten aus der Box zu holen. Bedenkt man, daß ein Pferd die anderen 22 oder 23 Stunden in seiner Box verbringen muß und immer nur steht, sich dabei höchstens einige Male umdreht, muß man zu dem Ergebnis kommen, daß ein Lauftier (wie das Pferd eines ist) an Bewegungsmangel leiden muß.

Wie anfangs bereits erklärt, funktioniert der Huf als Blutpumpe, die allerdings nur durch Bewegung in Gang kommen kann, weil im Huf keine Muskeln vorhanden sind, die das Blut weitertransportieren könnten – so wie es beim Herzen der Fall ist. Es kann zu Blutstauungen kommen. Angelaufene Sehnen beispielsweise sind bei Boxenpferden nicht selten. Sobald die Pferde geritten werden, sind die Sehnen wieder klar. Um diese Schwellungen, die allein durch einen Blutstau aufgrund von Bewegungsmangel hervorgerufen werden,

gar nicht erst aufkommen zu lassen, bandagieren viele Pferdebesitzer ihre Tiere, wenn sie in der Box stehen. Doch damit wird die Durchblutung keineswegs gefördert, sondern erst recht behindert. Für den Huf bedeutet eine mangelhafte Durchblutung vor allem ein schlechtes Wachstum.

Neben diesen negativen Auswirkungen der Boxenhaltung kann eine trockene Einstreu (vor allem Sägemehl) dem Huf zuviel Feuchtigkeit entziehen. Sägemehl ist besonders saugfähig, und deshalb fehlt es den Hufen vieler Boxenpferde an genügend Feuchtigkeit, wenn sie nicht zwischendurch die Möglichkeit bekommen, auf der Weide oder im Auslauf entsprechend Feuchtigkeit aufzunehmen. Pferde, die ausschließlich in Boxen gehalten werden, haben deshalb häufig ausgetrocknete, harte Hufe. In solch extremen Fällen können nur regelmäßige Hufwaschungen mit klarem Wasser helfen. Günstig wären auch Ausritte bei Regenwetter, um dem Huf genügend Feuchtigkeit zukommen zu lassen. Dabei schlägt man gleich zwei Fliegen mit einer Klappe: Feuchtigkeit und Bewegung.

Offenstallhaltung

Die Pferdehaltung im Offenstall ist ein guter Kompromiß und eine wesentliche Annäherung an eine artgerechte Haltung. Leider muß man sich damit abfinden, daß eine absolut artgerechte Pferdehaltung kaum möglich ist, dafür müßte das Auslaufareal so weitläufig sein, daß man mit bloßem Auge keine Zäune sichten kann. Kaum jemand hat aber so viel Platz zur Verfügung.

Die Offenstallhaltung mit regelmäßi-

Feuchtigkeit und Bewegung

Die wichtigsten Komponenten für die Gesunderhaltung der Hufe sind ein ausgeglichener Feuchtigkeitshaushalt und viel Bewegung. Die Aufnahme, aber auch Abgabe von Feuchtigkeit ist wichtig für die Elastizität des Hufhorns, das ohne Feuchtigkeit trocken, hart und brüchig wird, bei zu viel Nässe dagegen weich und bröckelig.

Eine ausreichende Bewegung ist für einen gut funktionierenden Hufmechanismus wichtig. Nur so wird der Huf optimal durchblutet und dadurch mit Nährstoffen versorgt, was wiederum die Garantie für ein gutes Hornwachstum ist. Beide Komponenten sind stets im Auge zu behalten, damit die Hufe gesund bleiben.

gem Weidegang hat gegenüber der Boxenhaltung große Vorteile, die in der Gesunderhaltung und im Reitverhalten deutlich spürbar werden. Neben den praktischen Effekten, daß das Pferd seinem Bewegungsdrang viel besser nach-

Die Offenstallhaltung trägt sehr viel zur Gesunderhaltung der Pferde und damit auch der Hufe bei.

kommen kann, weil es ein größeres Auslaufareal zur Verfügung hat, trägt auch die frische Luft zur Gesunderhaltung des Pferdes bei. Meistens werden nicht nur eines, sondern mehrere Pferde in einem Auslauf gehalten. Somit ist auch der wichtige soziale Kontakt zu Artgenossen gewährleistet, der sich nicht nur auf das Sehen und Beriechen zwischen Gitterstäben hindurch beschränkt, sondern auch den direkten Körperkontakt

mit gegenseitigem Kraulen oder Spielen miteinander möglich macht.

Für den Huf bedeutet die Offenstallhaltung ein Segen, weil die Durchblutung durch genügend Bewegung sichergestellt ist. Offenstallpferde haben die Möglichkeit, sich im trockenen Stall aufzuhalten oder im (in unseren Breitengraden meist feuchten) Lehm des Auslaufes zu tummeln. Damit ist die Feuchtigkeitszufuhr für den Huf gewährleistet. Der Pferdebesitzer braucht sich um die Hufpflege nur noch insofern zu kümmern, als er die Hufe täglich nach eingetretenen Fremdkörpern kontrolliert, für das rechtzeitige Wechseln des Beschlags sorgt, notwendige Korrekturen vornimmt sowie eine Gesundheitskontrolle durchführt. Zusätzliche Pflegemittel wie Huföl, Teer oder Fett sind in der Regel überflüssig.

Allerdings muß man auch hier wieder relativieren, denn vor allem in den Monaten Oktober bis April ist die Witterung in unseren Breitengraden häufig sehr naß, so daß die Hufe von Pferden, die nur im schlammigen Auslauf stehen, auch zu viel Feuchtigkeit abbekommen und aufweichen. Deshalb muß auch immer für trockene Plätze gesorgt werden, an denen sich die Pferde aufhalten können.

Wichtig ist das richtige Verhältnis von Feuchtigkeit und Trockenheit. In Gegenden, in denen die Witterung sehr trocken ist, muß man die Hufe möglicherweise zusätzlich mit Wasser abspritzen. In unseren Breitengraden hingegen sind die Ausläufe über viele Monate hinweg meist zu feucht, so daß man für einen trockeneren Boden (Überdachung und Drainage) sorgen muß.

Weidehaltung

Die wohl natürlichste Form der Pferdehaltung ist die Weidehaltung. Allerdings ist sie nur den wenigsten Pferdebesitzern möglich, zudem auch sehr arbeitsintensiv, will man die Tiere nicht vernachlässigen. Weidehaltung ist dann möglich, wenn große Flächenareale zur Verfügung stehen, damit die Pferde bei ständigem Weidegang die Grasnarbe nicht zerstören und sich somit ihrer Futtergrundlage berauben würden.

Bei sehr großen Weiden ist es wegen der langen Wege manchmal schwierig, die Hufe der Pferde jeden Tag zu kontrollieren, vor allem wenn die Tiere gerade am anderen Ende der Weide grasen. Daß das meistens so ist, wissen viele Pferdehalter aus Erfahrung – vor allem wenn man mit Sattel und Zaumzeug am Tor steht und sein Pferd für einen Ausritt holen möchte.

Den Aufwand erspart man sich deshalb gerne. Mit ziemlicher Sicherheit wird man keine Wanderung veranstalten, nur weil man die Hufe kontrollieren möchte. Meist sind sie sowieso in Ordnung, weil die Pferde tagtäglich auf Grasboden laufen. Dennoch sollte man auch die Hufe eines Weidepferdes unbedingt täglich kontrollieren.

Im Sommer reicht der morgendliche Tau auf den Wiesen für die Feuchtigkeitsversorgung des Hufs. Im Frühjahr, Herbst und Winter ist der Boden feucht genug, manchmal sind die Wiesen sogar zu naß, so daß man aufpassen muß, damit der Huf nicht zu stark aufweicht. Ein Unterstand muß immer auf einer Weide vorhanden sein, wo die Tiere vor allzu extremer Witterung Schutz suchen können. Wenigstens dort sollten die

Die Weidehaltung ist die natürlichste Form der Pferdehaltung.

Pferde dann auch auf trockenem Boden stehen.

An Bewegungsmangel wird kein Weidepferd leiden, deshalb ist durch den Hufmechanismus auch für die Durchblutung des Hufs ausreichend gesorgt. Dem Huf kann eigentlich nichts Besseres passieren als die Weide- oder Offenstallhaltung.

Die beste Hufpflege ist somit die richtige Pferdehaltung. Eine bessere Garantie für die Gesunderhaltung der Hufe kann einem kein noch so gutes Hufpflegemittel geben. Je natürlicher ein Pferd gehalten wird, desto weniger Gesundheits- und speziell Hufprobleme wird es haben. Der Slogan »Zurück zur Natur« ist deshalb gerade bei der Pferdehaltung und infolgedessen bei der Hufpflege zu beherzigen.

Anwendung von Pflegemitteln

Es ist schon angesprochen worden, daß eine natürliche, artgerechte Pferdehaltung nicht jedem Pferd beschieden sein kann. Auch wenn mancher Pferdebesitzer sich noch so bemüht, ist es ihm nicht immer möglich, einen geeigneten Stall zu finden, in dem sein vierbeiniger Freund artgerecht untergebracht ist. Außerdem ist die Pferdezucht schon sehr weit von einer naturnahen Entwicklung abgewichen. So sind viele Pferde derart empfindlich geworden, daß sie mit einer Robusthaltung Probleme bekommen können. Eine langsame Umstellung ist dann notwendig, um sie wieder an rauhere Lebensbedingungen zu gewöhnen. Aus verschiedenen Gründen

(Verfügbarkeit, Leistungsanforderungen, Bequemlichkeit) verzichten viele Pferdebesitzer jedoch auf eine artgerechte Unterbringung ihrer Lieblinge. Dafür gibt es dann aber auch häufig Probleme mit der Gesundheit des Vierbeiners und natürlich auch mit den Hufen.

Man versucht deshalb, die fehlende Feuchtigkeit mit Hufpflegemitteln aufzufüllen, im Huf zu halten oder aber auch zu viel Feuchtigkeit vom Huf fernzuhalten. Die Anwendung von Hufpflegemitteln ist dennoch oftmals reine Kosmetik und bei vielen Pferdebesitzern nichts anderes als eine Beruhigung ihres Gewissens. Der Einsatz von unterschiedlichen Hufpflegemitteln kann unter Umständen – richtig eingesetzt – einen unnatürlich gehaltenen Huf vor dem Schlimmsten bewahren. In den meisten Fällen haben derartige Mittel aber eher ein negatives Ergebnis, weil sie überwiegend »gewohnheitsgemäß« und unüberlegt auf den Huf geschmiert werden.

Das Huffett

Der Markt ist überschwemmt von verschiedenen Hufpflegeprodukten. Allen voran ist das Huffett am verbreitetsten und wird am häufigsten verwendet. In vielen Reitställen gehört es zum guten Ton, seinem Pferd täglich die Hufe zu fetten – am besten noch vor dem Reiten. Diese Unsitte täuscht aber lediglich eine gute Hufpflege vor, weil es den optischen Eindruck von sauberen, gepfleg-

Das Hufwachstum soll angeregt werden, wenn man den Kronrand mit reinem Lorbeeröl einmassiert.

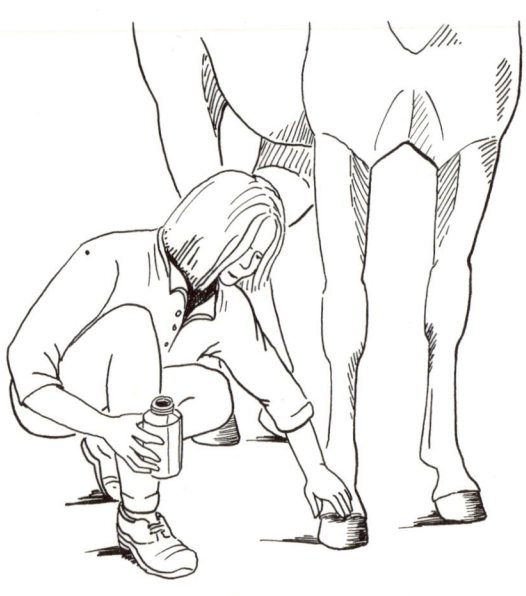

ten Hufen macht. Das Einschmieren mit grünem oder schwarzem Huffett verhilft den Hufen zwar zu mehr Glanz, der Einsatz dieser Mittel kann aber auch schädlich sein.

Bringt man das Huffett auf der Glasurschicht auf, kann nicht viel passieren. Außer daß der Huf »sauber« wirkt, erzielt man damit keine große Wirkung. Die Glasurschicht ist eine Schutzschicht für den Huf, dort kann kaum etwas hindurchdringen. In den Huf kann eine Substanz hauptsächlich in Wachstumsrichtung eindringen und vor allem an den weichen Hornteilen. Das ist an der Sohle, vornehmlich aber am Strahl sowie am Kronrand der Fall. Der Hufmantel dagegen ist relativ dicht.

Immer wieder hört man in Reitställen die Aussage, daß das Fett für eine höhere Elastizität des Hufhorns sorgen soll. Diese Behauptung stimmt nicht ganz. Obwohl nach neuen Erkenntnissen im Huf auch fettartige Stoffe, sogenannte Lipide, nachgewiesen wurden, die sowohl entlang der Wachstumsrichtung als auch in sehr geringem Maße senkrecht dazu durch den Huf wandern und schließlich an der Oberfläche austreten, bestimmt dennoch in erster Linie der Feuchtigkeitsgehalt den Pflegezustand des Hufs.

Werden Sohle und Kronsaum gefettet, kann man damit verhindern, daß Feuchtigkeit in den Huf oder nach außen dringt. Der Einsatz von Huffett oder auch Huföl ist nur dann sinnvoll, wenn man in die Regelung des Feuchtigkeitshaushalts eingreifen will. Wenn den Hufen von Boxenpferden Feuchtigkeit fehlt, ist es eine Möglichkeit, die Hufe nach dem Reiten mit einem Gartenschlauch gut zu wässern und sie nach anschließendem leichtem Abtrocknen mit einem alten Handtuch (dabei sind die Hufe jedoch noch feucht) an der Sohle und am Kronrand einzufetten. Damit erreicht man, daß die Feuchtigkeit, die der Huf bereits aufgenommen hat, im Huf gespeichert wird.

Im anderen Fall kann man aber auch verhindern, daß Feuchtigkeit in den Huf eindringt. Das ist möglicherweise dann sinnvoll, wenn die Hufe bereits sehr aufgeweicht sind und das Pferd auf nassem Untergrund stehen muß (zum Beispiel im Auslauf, der während einer längeren Regenperiode matschig geworden ist). Wird der Huf hauptsächlich an der Sohle gefettet, wird die Feuchtigkeit abge-

Von Wundermitteln und Spezialtinkturen

Schon immer wurde versucht, mit allen möglichen Mitteln Hufprobleme »wegzuschmieren«. Dabei mischte man die abenteuerlichsten Tinkturen zusammen. In Einzelfällen sollen sie schon wahre Wunder bewirkt haben, oftmals jedoch verstauben die angebrochenen Fläschchen in der Sattelkammer.

Man kann es nicht oft genug wiederholen: Hufpflege entsteht aus einer artgerechten Haltung und nicht nur aus dem Einsatz irgendwelcher Mittel.

stoßen. Allerdings muß man bedenken, daß das Fett sicherlich auch nicht sehr lange am Huf haften bleibt. Es kann also kein Allheilmittel sein, sondern bestenfalls eine kleine Hilfe. Deshalb ist es immer besser, die Haltungsbedingungen zu ändern.

Wenn man Huföl oder -fett einsetzt, sollte man immer ein qualitativ hochwertiges Produkt wählen. Billiges Huffett wird schnell ranzig und ist dann nicht mehr zu gebrauchen.

Der Hufteer

Auch der Hufteer ist noch häufig in Gebrauch. Er wird in erster Linie dazu benutzt, die Sohle einzustreichen, damit sie gegen Nässe geschützt ist. In seltenen Fällen kann dies sinnvoll sein, vor allem auch dann wieder, wenn das Pferd ständig im Matsch stehen muß. Hat das Pferd aber keine Möglichkeit, sich auch auf trockenen Boden zu begeben, ist diese Haltungsweise ein Fall für den Tierschutz und keineswegs zu befürworten.

Hufteer wird für diesen Fall dem Huffett gerne vorgezogen, weil er länger an der Sohle haften bleibt. Diese starke Haftung kommt deshalb zustande, weil der Hufteer die Sohle regelrecht verklebt. Die Sohle steht dabei unter vollkommenem Luftabschluß, was bedeutet, daß sich bestimmte Fäulnisbakterien besonders gut entwickeln können. Wenn man schon Teer auf die Sohle streichen will, muß der Huf vorher penibel sauber sein. Eine Unart ist es, bei beginnender Strahlfäule Teer aufzutragen, weil sich die Krankheit dann ungehindert verschlimmern kann.

Im Grunde ist die Verwendung von Hufteer vollkommen überflüssig, bewährt hat er sich höchstens zum Bestreichen von Koppelstangen, damit diese von den Pferden nicht angenagt werden.

Die Sache mit dem Lorbeeröl

Trotz kritischer Einschätzung von Hufpflegemitteln hört man immer wieder Erfolgsmeldungen bei der Anwendung von reinem Lorbeeröl. Es soll – mit dem Finger am Kronrand einmassiert – das Hufwachstum fördern. Dabei bleibt offen, ob das Lorbeeröl die Wirkung erzielt oder durch das Massieren des Kronrands die Durchblutung angeregt und somit das Wachstum gefördert wird.

Andere wiederum behaupten, daß das Öl die Huflederhaut am Kronrand reizt und somit das Wachstum angeregt wird. In der Praxis ist es wahrscheinlich, daß beides Einfluß auf den Huf hat. Bei Pferden, die relativ wenig Bewegung haben, ist es möglich, daß sie stärker auf die Massage ansprechen und allein dadurch bereits eine sichtbare Wirkung erzielt werden kann.

Man muß bei einem Mißerfolg außerdem bedenken, daß auch andere Komponenten als die Durchblutung für das Hufwachstum verantwortlich sind. So können beispielsweise Nährstoffe feh-

Oben links: Nur Pferde mit gesunden Hufen sind auch als Reittiere einsatzfähig.
Oben rechts: Nicht jeder Pferdehalter kann seine Tiere das ganze Jahr über artgerecht auf der Weide halten.
Unten: Die Pflege des Hufs sollte zu natürlichen Aspekten zurückfinden: Beim Trinken benetzt das Pferd seine Vorderhufe mit Wasser.

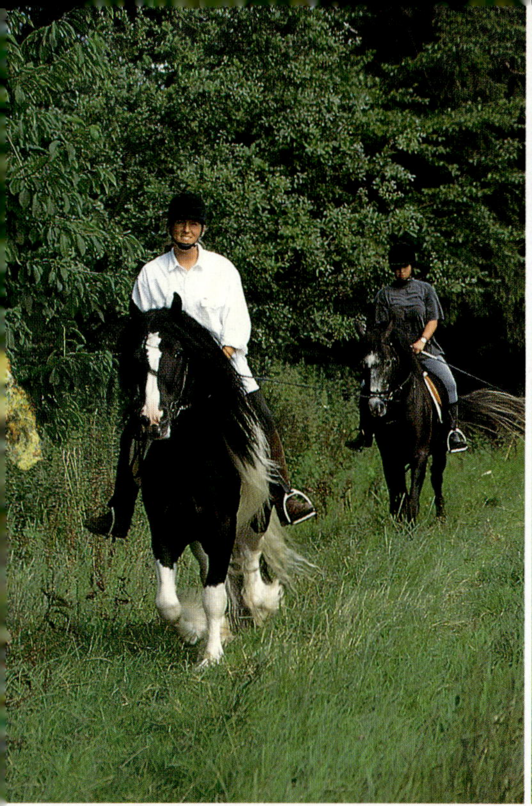

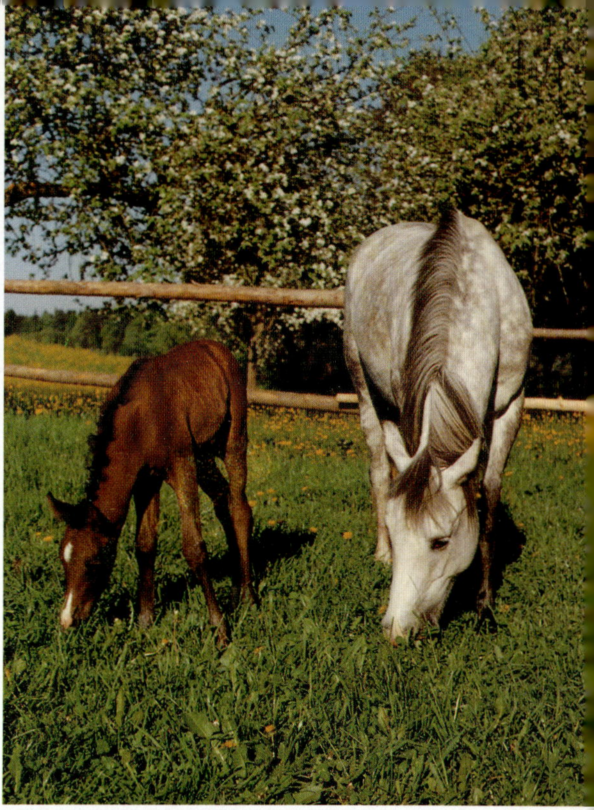

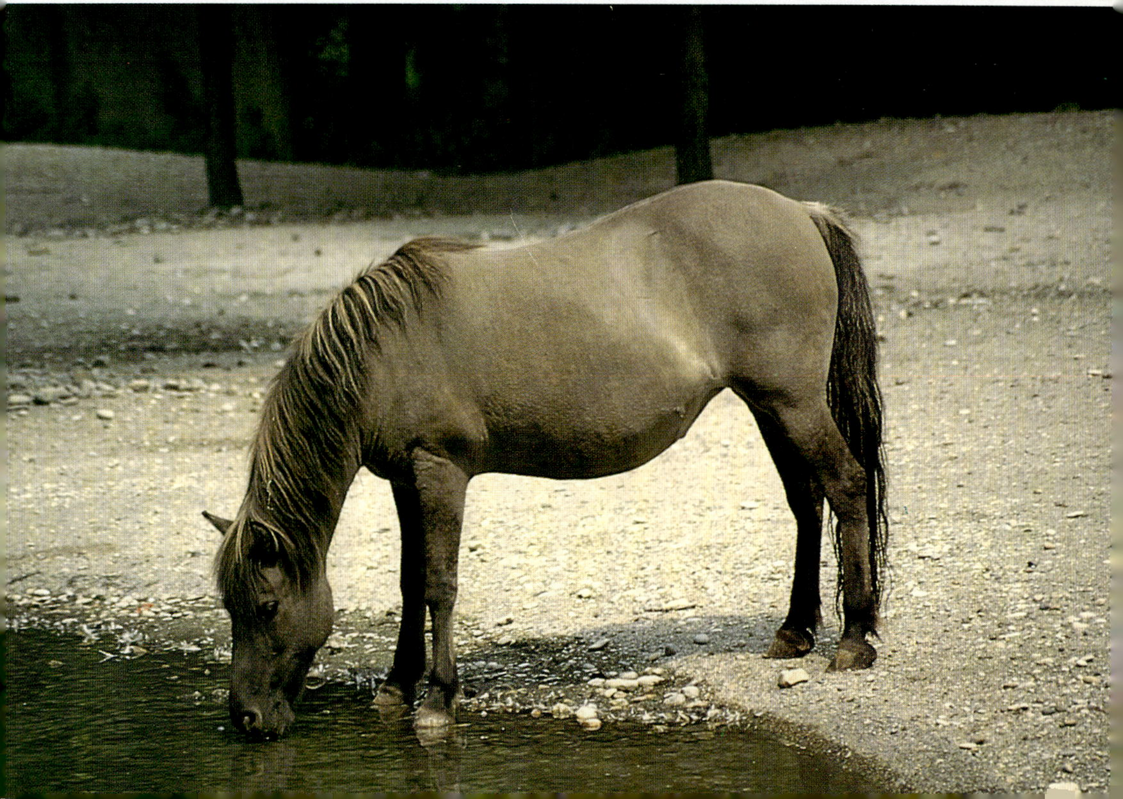

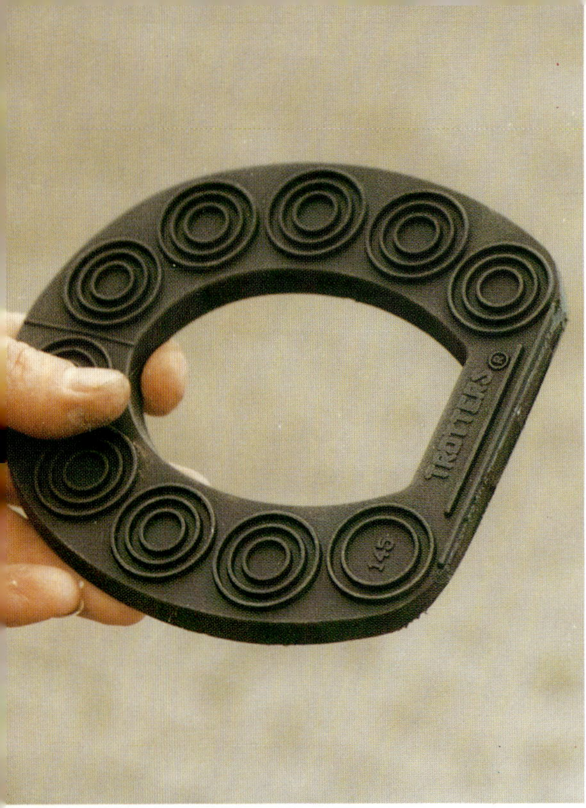
TROTTERS ®
145
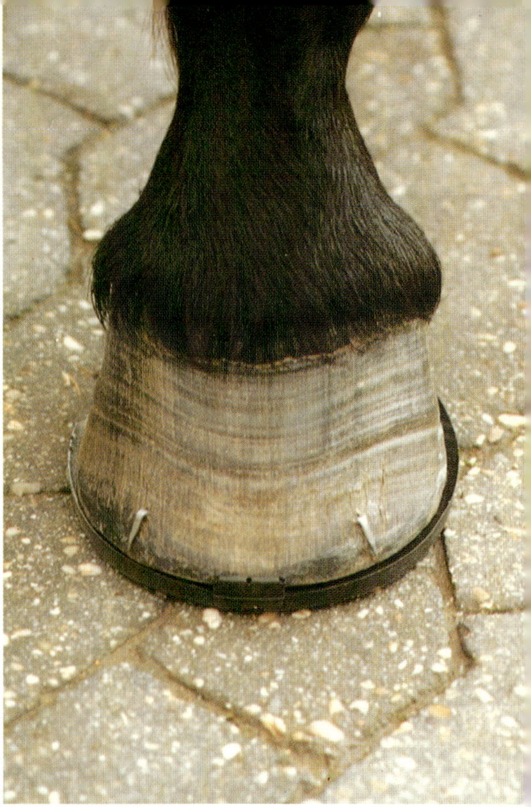
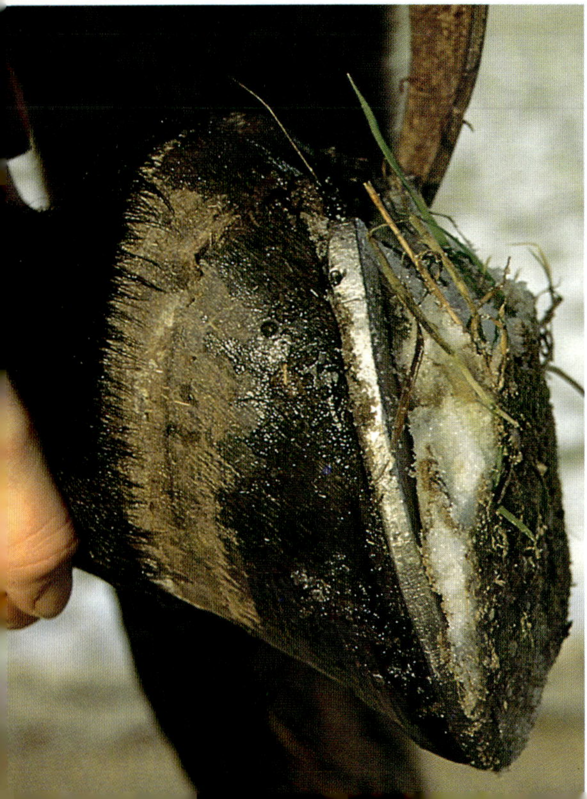
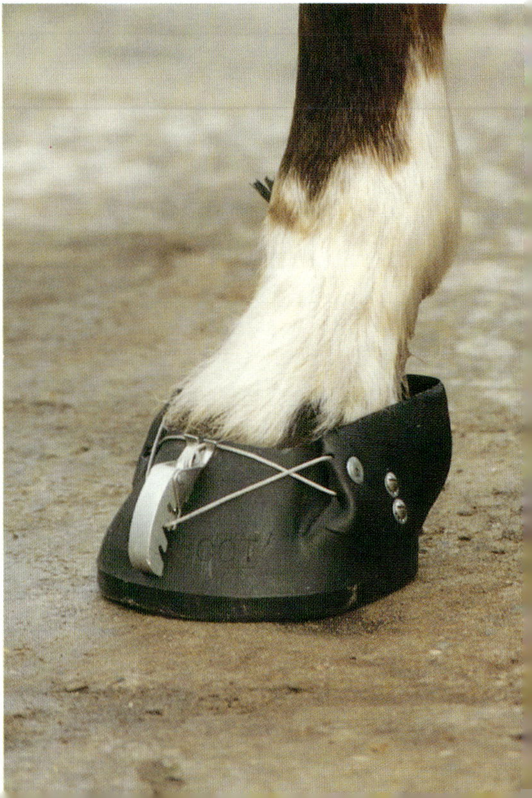

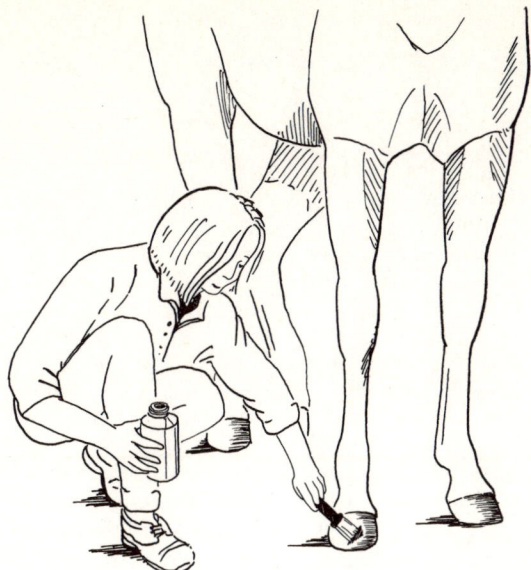

In vielen Reitställen gehört es zum guten Ton, die Hufe täglich zu fetten. Dies hat aber meist nur einen optischen Effekt.

len, die über die Fütterung zugeführt werden müssen. Deshalb ist es auch niemals möglich, daß alle Pferde auf dasselbe Mittel gleich gut ansprechen. Für eine richtige Behandlung muß immer die Ursachenforschung vorausgehen.

Oben links und rechts: Eine Alternative zum Hufeisen stellt der Beschlag aus Kunststoff dar.
Unten links: Gefahr im Winter: Beim Eisenbeschlag stollt nasser Schnee leicht auf und kann zu Verletzungen führen. Besser ist es deshalb, wenn das Pferd im Winter ohne Eisen laufen kann.
Unten rechts: Hufschuhe können als vorübergehender Hufschutz wertvolle Dienste leisten.

Ob die Massage mit Lorbeeröl nun hilft oder nicht, hängt deshalb nicht nur von einer eventuellen Wirksamkeit des Mittels ab, sondern in der Regel mit mehreren Komponenten zusammen. Dennoch: Einen Versuch ist es allemal wert.

Hufbalsam und -lotionen

Die hochwertigsten Hufpflegemittel sind Balsam, Lotionen und Salben. Viele dieser leider auch teuren Pflegemittel sind nichts anderes als Feuchtigkeitscremes. Weil sie dem Huf Feuchtigkeit zuführen, können sie vor allem für aufgestallte Pferde eine Hilfe darstellen, den Feuchtigkeitshaushalt zu regeln. Vielen Pflegemitteln ist auch Lorbeeröl zugesetzt, doch wie gesagt, die Wirkung ist umstritten.

In jedem Fall kann man mit solchen Mitteln dem Huf wenigstens nicht scha-

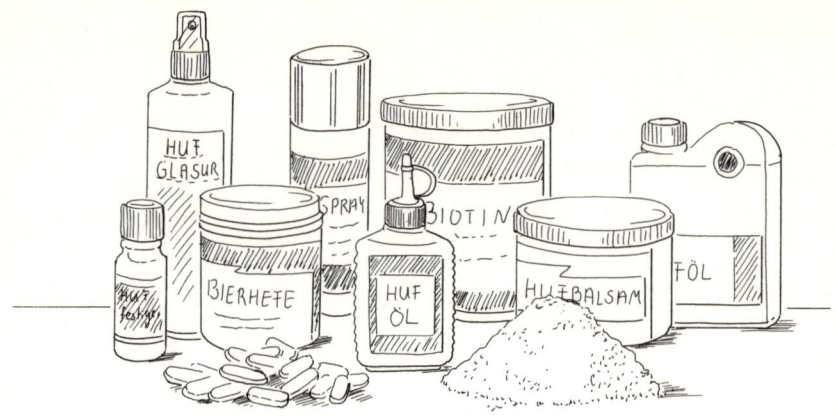

den. Besser als die billigen Huffette, die in kleinen Kübelchen angeboten werden, sind solche Lotionen in jedem Fall. Den gesamten Huf einzupinseln ist aber eine reine Verschwendung, denn durch die Glasurschicht kann kaum etwas hindurch, es ist also nur sinnvoll, den Kronrand und die Sohle zu bestreichen.

Nur selten helfen verschiedene Hufpflegemittel bei problematischen Hufen. Sie können aber unterstützend eingesetzt werden. Besser jedoch ist die natürliche Pflege.

Natürliche Hufpflege

Unter natürlicher Hufpflege ist zu verstehen, daß man dem Huf nur die Substanzen zuführt, die die Natur auch dem Wildpferd bietet. Unter normalen Umständen ist dies alles, was der Huf des Pferdes benötigt. Eine möglichst artge-

rechte Haltung ist jedoch Voraussetzung. Ist eine artgerechte Haltung nicht oder nur unvollständig gewährleistet, muß man zumindest versuchen, die fehlenden Komponenten auf natürliche Art und Weise auszugleichen.

Der Einsatz von Wasser

Daß der Huf Feuchtigkeit benötigt, zieht sich wie ein roter Faden durch dieses Buch. Daraus läßt sich erkennen, wie

Ausgeschmiert

Vor allem bei problematischen Hufen ist es oftmals besser, auf handelsübliche Hufpflegemittel ganz zu verzichten und sich auf die natürliche Pflege zu konzentrieren. Obwohl dies meist aufwendiger und mit mehr Mühen verbunden ist, als mit einem Pinsel den Huf zu bestreichen, ist es in vielen Fällen dafür erfolgversprechender.

wichtig das Element Wasser für die Gesunderhaltung der Hufe ist. Weder zu viel noch zu wenig Feuchtigkeit ist gut für den Huf. Die Kunst der richtigen Hufpflege besteht darin, dem Huf die richtige Menge Feuchtigkeit zuzuführen.

Die Beurteilung der Hufqualität steht an erster Stelle, um eine gute Hufpflege zu gewährleisten. Im Zweifelsfalle sollte man einen Fachtierarzt oder Schmied hinzuziehen, der einem sagen kann, ob der Huf zu trocken, zu weich oder spröde ist. Ohne den Huf überhaupt in Augenschein genommen zu haben, zeichnet sich eine Tendenz bereits an der Haltungsform ab. Mit einzubeziehen ist in jedem Fall auch die Art der Einstreu sowie der Boden, auf dem das Pferd die meiste Zeit über steht.

Während auf hartem Boden der Hufmechanismus stärker gefordert ist und somit die Durchblutung besser angeregt wird, was wiederum zur Folge hat, daß der Huf schneller wächst, ist dort auch der Abriebsfaktor höher. Auf weichem Boden wird das Hufhorn dagegen kaum abgenutzt, dafür ist auch der Hufmechanismus weniger aktiv.

Ein harter, ausgetrockneter Naturboden speichert kaum Feuchtigkeit, ein vom Regen aufgeweichter Boden hingegen ist richtiggehend naß. Da viele Pferde immer noch in Boxenställen gehalten werden, sind deren Hufe zumeist trocken und hart. Die fehlende Feuchtigkeit muß deshalb künstlich zugeführt werden. Dies geschieht am besten durch tägliche Waschungen mit klarem Wasser. Dabei kann man den Gartenschlauch verwenden, viele Pensionsbetriebe haben im Stallgebäude aber auch eine Waschbox.

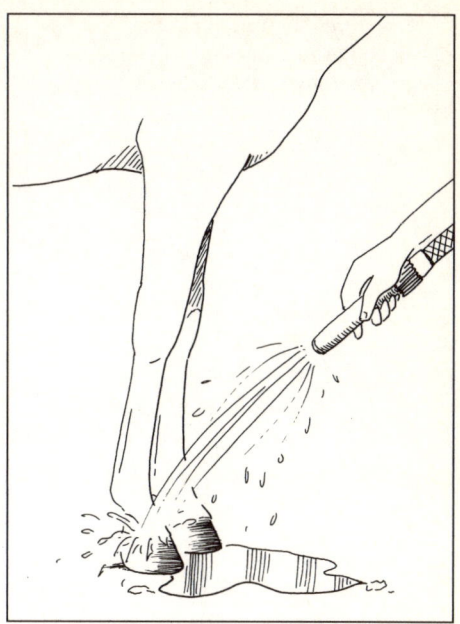

Bei fehlender Feuchtigkeit im Huf kann tägliches Abspritzen mit Wasser helfen.

Die Hufpflege kann man auch mit einer kleinen Übungsaufgabe verbinden und dem Pferd beibringen, seine Hufe in mit Wasser gefüllte Eimer zu stellen. Zehn Minuten reichen für diese Prozedur, dann werden die Hufe mit einem Handtuch leicht abgetrocknet.

Bei zu weichen Hufen ist oftmals ein matschiger Auslauf schuld, wobei die Tiere keine Möglichkeit haben, auch einen trockenen Platz aufzusuchen. Hier muß in jedem Fall an der Haltungsform etwas geändert werden. Die Drainirung des Auslaufs und Auffüllung mit rundem Kiesel ist dabei eine gute Alternative, wenn auch nicht ganz billig. Doch der Huf steht trockener, und so-

Man kann dem Huf auch Feuchtigkeit zuführen, indem man ihn
einige Minuten in einen Eimer
Wasser stellt.

gar bei lang anhaltenden Regenfällen bleibt kein Wasser mehr im Auslauf stehen. Runde Kieselsteine sind übrigens besonders gut für den Auslaufbereich von Pferden geeignet, weil sie eine massierende Wirkung auf die Hufe haben. Der Hufmechanismus wird angeregt und das Horn gefestigt.

Wenn Boxenpferde zu feuchte Hufe haben, liegt dies meist daran, daß sie in uringetränkter Einstreu stehen. Dabei weicht der Huf nicht nur wegen zu hoher Feuchtigkeit auf, sondern das Horn wird in erster Linie durch die aggressiven Stoffe im Urin zerstört. Die Umstellung von Stroh- auf Sägemehlhaltung ist hier eine Möglichkeit. In jedem Fall aber muß auf penibelste Stallhygiene geachtet werden. Mindestens drei-

maliges Ausmisten am Tag ist angesagt. Zudem sind die Hufe täglich von Kot und nasser Einstreu zu säubern.

Lehmpackungen

Werden die Hufe nur mit Wasser abgespritzt, hält sich die Feuchte nicht besonders lange am Huf, vor allem dann nicht, wenn das Pferd wieder in seine Box gestellt wird, in der es auf wassersaugender Einstreu steht. Damit trocknet der Huf wieder zu schnell aus.

Um die Feuchtigkeit über längere Zeit am Huf halten zu können, damit sie vom Horn auch aufgesogen wird, kann man sich eine hervorragende Möglichkeit von der Natur abschauen: Die Lösung heißt Lehm!

Geheimtip

Für eine gute Hornqualität sollen neben Lehm auch Packungen mit gekochtem Leinsamen und Sauerkraut sorgen. Ob damit aber eine bessere Wirkung erzielt wird als mit Lehmpackungen, ist zweifelhaft.

An Regentagen findet sich überall aufgeweichter Erdboden, von dem man sich einen Kübel voll in den Stall holt und die Hufe seines Pferdes damit einpackt. Sind die Tage trocken, mischt man in die trockene Erde genügend Wasser und verarbeitet die Masse zu einem festen Brei. Je lehmiger die Erde ist, desto besser, weil sie dann besser auf den Hufen haften bleibt. Man kann die Lehmpackungen auch mit einem alten Handtuch um die Hufe wickeln, damit das Zeug besser klebt.

Der Lehm sorgt dafür, daß die Hufe länger feucht bleiben. Damit hat das Horn genügend Zeit, die Feuchtigkeit zu absorbieren. Diese Methode ist wohl die beste Hufpflege, die man seinem Pferd angedeihen lassen kann, und noch dazu die billigste Lösung. Allerdings macht das ganze viel Dreck, und in einem vornehmen Stall muß man auch schon mal mit schiefen Blicken rechnen, wenn man die Stallgasse hinterher nicht wieder schön sauber fegt.

Futterzusätze

Nicht alle Hufprobleme sind auf äußere Umstände zurückzuführen. Deshalb lassen sich auch nicht alle Probleme mit einer äußerlichen Anwendung beheben. Es nützt die beste Hufpflege nichts, wenn das Horn nicht die notwendigen Nährstoffe erhält, um einen makellosen Huf auszubilden. Auch fehlende Vitamine und Spurenelemente können schlechte Hornqualität hervorrufen und den Pferdebesitzer an den Rand der Verzweiflung bringen. Vielfach versucht man es zuerst einmal mit allen möglichen Hufpflegemitteln, die der Markt anbietet. Wenn nichts genützt hat, werden Futterzusätze wahllos ausprobiert.

Bevor man sich aber in größere Unkosten stürzt, sollte man zunächst einmal eine Futteranalyse (eventuell per Computer) machen, um zu sehen, ob irgendwelche Vitamine, Mineralien oder Spurenelemente fehlen. Dabei kann auch der Tierarzt mit einer Blutuntersuchung helfen. Sobald man einen Verdacht hegt oder – noch besser – sich sicher ist, welche Komponente in der Futterzusammensetzung fehlt, kann man gezielt zufüttern.

Biotin – das Allheilmittel?

Die Zufütterung von Biotin hat in den letzten Jahren einen großen Aufschwung erlebt. Es sind damit gute Ergebnisse erzielt worden, dennoch ist die Biotinfütterung keine Patentlösung bei Hufproblemen.

Biotin gehört zu den wasserlöslichen Vitaminen, es ist auch unter dem Namen

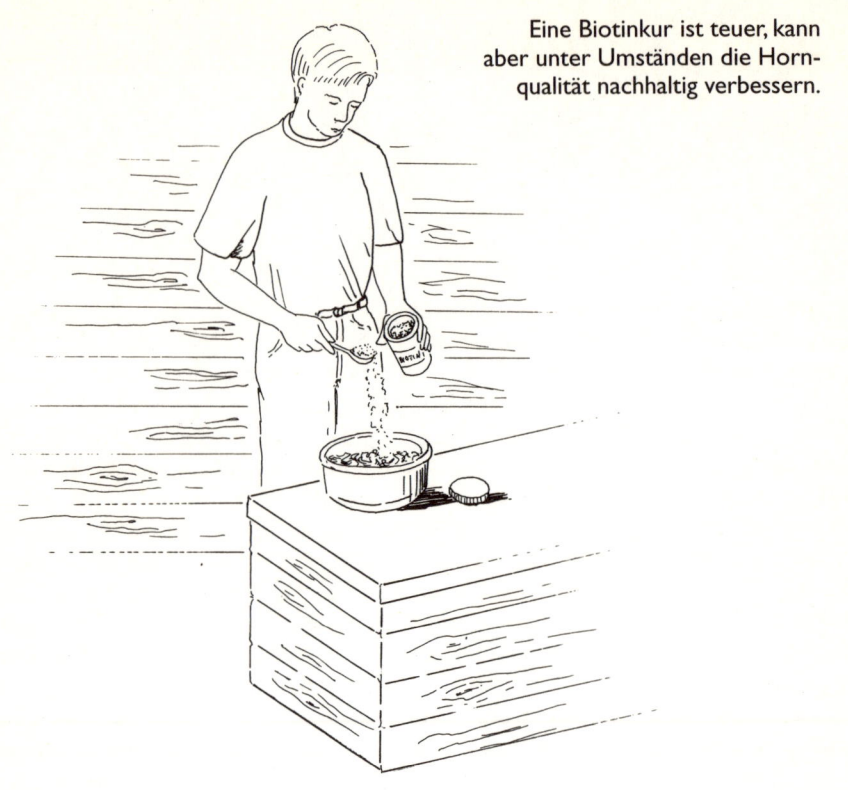

Eine Biotinkur ist teuer, kann aber unter Umständen die Hornqualität nachhaltig verbessern.

Vitamin H (wobei das H auf die Schutzfunktion von Haut, Haar, Horn und Huf hinweist) bekannt. Ältere Bezeichnungen waren beispielsweise auch Vitamin B7 oder Bios H.

Seit den 40er Jahren weiß man, daß ein chronischer Biotinmangel Veränderungen der Haut und der Hautanhangsgebilde hervorruft. Deshalb kann ein Mangel an Biotin auch Hufprobleme beim Pferd verursachen. Mittlerweile hat man herausgefunden, daß lediglich fünf Prozent aller Pferde an Biotinmangel leiden. Deshalb ist der Großteil von Hufproblemen nicht auf eine Unterversorgung mit Biotin zurückzuführen.

Außerdem kann das Pferd Biotin im eigenen Körper herstellen. Dabei erzeugen die Mikroorganismen im Darm das Vitamin und machen es für den Stoffwechselprozeß nutzbar. In der Regel wird auch genügend Biotin erzeugt, so daß es nur äußerst selten zu Mangelerscheinungen kommt.

Obwohl kein Mangel an Biotin besteht, kann sich die Zuführung des Vitamins trotzdem positiv auf die Hornqualität auswirken. Dabei geht man davon aus, daß das sogenannte »Mega-Dosierungskonzept« dies möglich macht. Hohe Biotinverabreichungen führen zu einer Ablagerung im Körper,

Neue Erkenntnisse der Forscher

Vor kurzem hat man herausgefunden, daß bei sehr vielen Pferden, die eine schlechte Hufqualität und langsames Hufwachstum haben, das *Calcium-Phosphor-Verhältnis* in der Nahrung nicht stimmt. Hielt man bisher Werte von 3 : 1 bis 5 : 1 für ideal, so deuten nun neuere Erkenntnisse an, daß ein Verhältnis von 2 : 1 offenbar ausreichend ist, da die Bedeutung von Phosphor lange Zeit unterschätzt wurde. Durch eine Futteranalyse kann man überprüfen, ob das Verhältnis den empfohlenen Werten entspricht.

und dies ist anscheinend genau das, was ein Pferd über eine gewisse Zeitspanne hinweg benötigt, damit sich schlechte Hufe regenerieren können.

Wer sich für eine Biotinkur entscheidet, muß diese mindestens über eine ganze Wachstumsperiode eines Hufs **(12 bis 14 Monate)** durchführen, um Erfolg zu haben. Dabei sollte das Hufschutzvitamin auch möglichst zweimal am Tag zugefüttert werden, weil eine überhöhte Konzentration von Biotin sehr schnell vom Körper wieder ausgeschieden wird. Eine Gabe von mindestens 15 Milligramm Biotin pro Tag und Pferd hat sich in der Praxis bewährt, es ist also darauf zu achten, in welcher Konzentration das Vitamin in einem Präparat vorhanden ist, damit man nicht unnötig viel oder aber zu wenig füttert.

Eine Biotinkur ist teuer, weil das Hufschutzvitamin in Biotinpräparaten chemisch hergestellt wird. Doch Biotin ist

Mais ist eine gute Biotinquelle.

in verschiedenen Futtermitteln auch in natürlicher Form vorhanden. Frisches Gras oder Mais sind dabei recht gute Biotinquellen. Aber auch in Hagebutten und Bierhefe kommt Biotin in höherer Konzentration vor. In Getreidesorten wie Hafer, Gerste oder Weizen ist es nur in sehr geringem Maße vorhanden. Der Biotingehalt im Mais ist zwar auch relativ niedrig, doch ist das Vitamin im Mais zu 100 Prozent biologisch verfügbar, was bei den oben genannten Getreidesorten nicht der Fall ist.

Es wäre deshalb auch möglich, auf Futtermittel zurückzugreifen, die einen hohen natürlichen Biotingehalt aufweisen, bevor man zu teuren Präparaten greift, die mit chemisch hergestelltem Biotin angereichert sind.

Zink

Nicht nur Biotinmangel kann Hufprobleme auslösen, in vielen Fällen ist auch eine Unterversorgung mit Zink möglich. Dies ist auch der Grund, weshalb man den meisten Biotinpräparaten zusätzlich Zink beimischt. Über eine Futteranalyse kann ein Zinkmangel festgestellt werden und schließlich über eine entsprechende Futterauswahl ausgeglichen werden. Man sollte dabei auf die Zusammensetzung des Kraft- und Mineralfutters achten, wie viele Spurenelemente – hauptsächlich Zink – beigemischt sind.

Hufe selber korrigieren

Es ist ein Traum vieler Pferdebesitzer, die Hufe ihrer Pferde selbst bearbeiten zu können. Dies kann einem nicht nur die Schmiedkosten ersparen, sondern macht auch noch Spaß, wenn man das Handwerk beherrscht. Gerade das Bearbeiten von unbeschlagenen Hufen kann man ohne großen Aufwand selber erlernen. Allerdings sollte man nun nicht gleich nach dem Hufmesser und der

Homöopathische Hilfe

Einer schlechten Hornqualität oder Wachstumsstörungen des Hufhorns kann man auch mit homöopathischen Mitteln zu Leibe rücken. Diese Mittel sind aber wie die Biotinfütterung nicht immer erfolgreich. Das liegt wohl vor allem daran, daß sie lediglich die Verarbeitung der bereits vorhandenen Nährstoffe im Körper anregen.

Versuchen kann man es in jedem Fall mit Kieselsäure (*Silicea*) oder Schwefel (*Sulfur*). Empfohlen wird dabei eine Gabe von Silicea D 30, einmal täglich 15 bis 20 Tropfen, oder Sulfur D 4, zweimal täglich eine Tablette. Kieselsäure eignet sich bei schlechtem Hufwachstum und rissigen Hufen. Sulfur aktiviert die Stoffwechselfunktion der Haut (und somit auch des Horns) und kann so für ein besseres Wachstum der Hufe sorgen. Die homöopathischen Mittel sollten mindestens über einen Zeitraum von 12 Monaten eingesetzt werden.

Raspel greifen und sich nach den hier aufgezeigten Anleitungen sofort an den Hufen zu schaffen machen.

Dringend zu empfehlen ist, sich von einem erfahrenen Fachmann, einem Schmied oder Hufpfleger, anweisen zu lassen, denn das handwerkliche Geschick muß man sich nach und nach aneignen. Viele Fehler, die man bei den ersten Bearbeitungsversuchen macht, können unter fachkundiger Anleitung vermieden werden. Außerdem hat man hinterher auch eine Kontrolle seiner Arbeit, wenn einem bei den ersten Versuchen ein Fachmann zur Seite steht.

Abnehmen der Hufeisen

Muß ein Pferd beschlagen werden, sollte man ihm zumindest eine kleinere Beschlagspause gönnen, indem man die Hufeisen zwei bis drei Wochen vor dem nächsten Schmiedbesuch abnimmt. Voraussetzungen hierfür sind allerdings entsprechend nachgewachsene Hufe, die jedoch nicht dazu neigen auszubrechen. Auch sollte ein übermäßiger Einsatz des

Beim Abnehmen der Eisen wird das Hufeisen vorsichtig von hinten nach vorne angehoben.

Vor dem Abnehmen der Eisen müssen die Nägel sorgfältig aufgenietet werden.

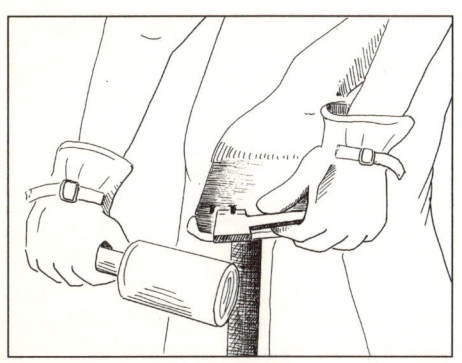

Pferdes in diesen Regenerationswochen nicht anstehen, damit nicht innerhalb kürzester Zeit zu viel Horn abgelaufen wird, und das Pferd dann womöglich klamm geht oder zu lahmen anfängt.

Will man die Hufeisen abnehmen, sollte man auch die Fertigkeit besitzen, den Barhuf entsprechend nachzubearbeiten, damit die Hornwände nicht ausbrechen und den nächsten Beschlag problematisch machen können.

Voraussetzung für jede Arbeit am Huf ist das richtige **Werkzeug**. Wer sich mit unsachgemäßen Gerätschaften ans Werk macht, wird es unnötig schwer haben, außerdem besteht die Gefahr, daß dabei das Hufhorn mehr als notwendig in Mitleidenschaft gezogen wird.

Für das Abnehmen der Eisen benötigt man eine **Nietklinge,** einen **Hammer** und eine **Beschlagszange.** Zunächst müssen die Hufnägel sorgfältig aufgenietet werden, damit die Hornwand nicht ausbricht. Hierzu wird die Nietklinge dicht unterhalb der Nieten angesetzt, und diese werden mit einigen Hammerschlägen aufgetrieben. Jetzt kann man mit der Zange die Schenkel bereits leicht anheben. Dabei arbeitet man auf beiden Seiten von hinten nach vorne. Dann drückt man das Eisen leicht zurück und zieht zunächst die Nägel heraus, die man auf ihre Vollständigkeit prüft. Jetzt läßt sich das Eisen abnehmen.

Zuschneiden des Strahls

Der Strahl wird normalerweise kaum angerührt, sondern lediglich beschnitten, um das lose Zerfallshorn zu entfernen. Zudem wird bei Bedarf die Höhe leicht korrigiert, damit er beim barfußlaufenden Pferd seiner Funktion als zusätzliche Stütze gerecht werden kann.

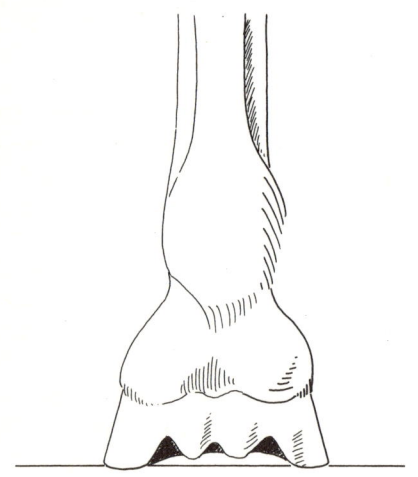

Der Strahl sollte in etwa mit dem Tragrand auf gleicher Höhe abschließen, besser noch, wenn er um zwei bis drei Millimeter kürzer ist. Ein Blick von vorne auf die Hufsohle verrät, ob der Strahl gekürzt werden muß. Ist dies der Fall, beginnt man an der Strahlspitze und schneidet mit einem scharfen Hufmesser mit sägenden Bewegungen etwa zwei Millimeter vom Strahlhorn ab. Nun werden noch die Strahlfurchen leicht angeglichen, loses Horn entfernt und die mittlere Strahlfurche nachgeschnitten, damit die für den Strahl zweckmäßige Ziehharmonikaform erhalten bleibt.

Besser überläßt man das Zuschneiden des Strahls jedoch einem Schmied, der ein barfußlaufendes Pferd sowieso mindestens zwei- bis dreimal jährlich kontrollieren soll, auch wenn ansonsten der Besitzer die Hufpflege fachgerecht vornehmen kann.

Bearbeiten des Tragrands

Vom Tragrand muß meist dann Horn entfernt werden, wenn das Pferd beschlagen und der Huf vor natürlicher Abnutzung geschützt war. Soll das Pferd für die nächste Zeit ohne Eisen laufen, sollte nur so viel vom Tragrand entfernt werden, daß sichergestellt ist, daß die Hufwand nicht ausbricht. In der Regel ist es nicht unbedingt notwendig, den Tragrand mit dem Nipper zu kürzen. Ist man noch ungeübt in der Hufbearbeitung, sollte man hierfür lieber zur Ras-

Der Strahl kann auf gleicher Höhe mit dem Tragrand abschließen. Besser ist es, wenn er zwei bis drei Millimeter kürzer ist.

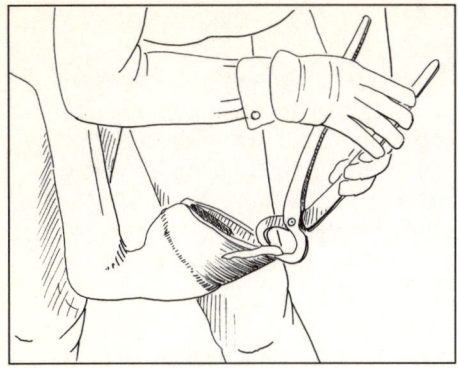

Der Einsatz des Nippers ist nur dann sinn-voll, wenn man in der Hufbearbeitung schon geübt ist und relativ viel Horn abgetragen werden soll. Der Nipper soll stets im rech-ten Winkel zum Tragrand aufgesetzt werden.

gleichmäßig kürzen zu können. Damit eine Hufkorrektur durchgeführt werden kann, wird auf der einen Seite die Raspel leicht angehoben, um die gegenüberlie-gende Seite stärker zu beraspeln.

Beraspeln der Hornwand

Damit die Hufachse korrekt zum Fessel-stand paßt, ist es manchmal notwendig, die Hufwand entsprechend zu beras-peln. Wenn sich die Hufwand auf einer Seite zu stark ausweitet, kann sich die Hufachse schief stellen. Um dies zu ver-hindern, nimmt man etwas Horn von der Hufwand weg.

Dabei setzt man den Huf auf den Be-schlagbock und raspelt von oben nach unten. Aber bitte nicht die Glasurschicht wegraspeln, wo es nicht notwendig ist,

pel greifen. Ansonsten setzt man die Zange immer rechtwinklig zur Hufsoh-le an und zwickt den überstehenden Rand ab. Die Eckstreben läßt man zunächst unbehandelt. Der Feinschliff erfolgt mit der Hufraspel.

Wenn man den Tragrand mit der Ras-pel bearbeitet, sollte man stets darauf achten, daß diese plan auf dem Huf auf-liegt, ansonsten würde man Unebenhei-ten in den Huf raspeln, und das Pferd könnte nicht mehr gleichmäßig auf-fußen. Zwischendurch sollte der Huf immer wieder auf den Boden gesetzt werden, um zu prüfen, ob er korrekt steht und ob an einer Seite etwas mehr Horn weggeraspelt werden muß.

Die Raspel wird bei der Bearbeitung des Tragrands immer diagonal über die Hufunterseite gezogen, um den Huf

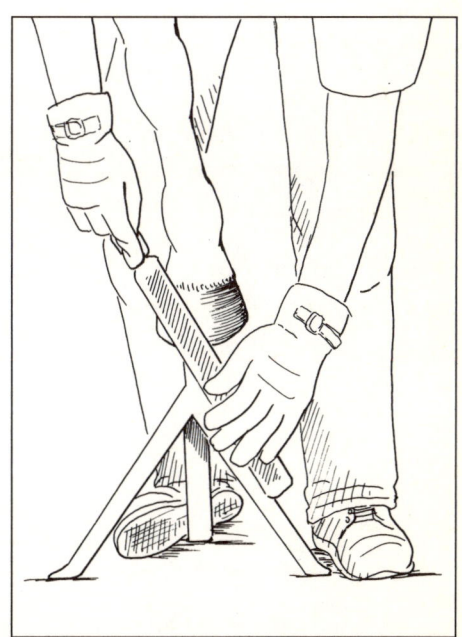

Das Beraspeln der Hufwand

So muß der Huf nun aussehen:

- Von vorne betrachtet muß die Hufachse senkrecht am Boden auftreffen.
- Von hinten wird überprüft, ob die Trachten gleich hoch sind und der Strahl Bodenkontakt hat.

- Bei seitlicher Betrachtung müssen die Zehen im richtigen Verhältnis zu den Trachten stehen und der Hufstand gleich dem Winkel der Fesselung sein. Diese Kontrolle nimmt man von beiden Seiten vor.

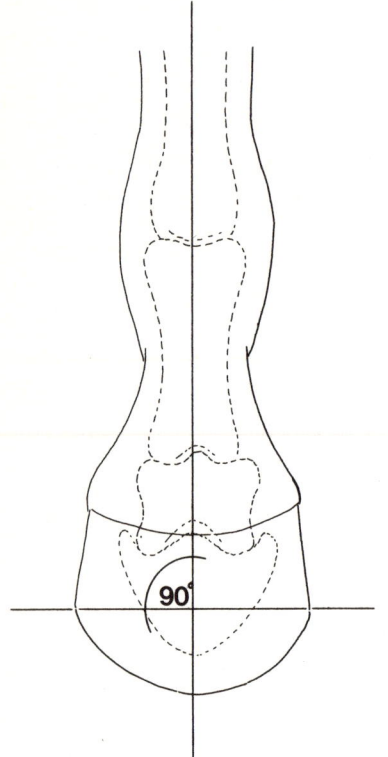

Von vorne betrachtet muß die Hufachse senkrecht am Boden auftreffen.

und die Raspel etwas steiler als die Hufwand stellen, damit man den empfindlichen Kronrand nicht verletzt!

Lieber öfter mal den Huf wieder auf den Boden setzen und kontrollieren, ob die Hufachse stimmt, als daß man aus Versehen zu viel wegraspelt und damit den Huf schwächt und die Hufachse wieder schief steht.

Wenn das Werk vollbracht ist, muß zum Schluß die noch spitze und scharfe Tragrandkante berundet werden, damit es nicht zu Hornausbrüchen kommt. Bei diesem Arbeitsgang reicht es, die Raspel einige Male über den Tragrand zu ziehen, um diesen leicht abzurunden.

Achtung: Eine Bearbeitung des Hufs, die über die Anwendung der Raspel hinausgeht und bei der Messer, Nipper oder andere Werkzeuge benutzt werden, muß unbedingt sorgfältig unter fachlicher Aufsicht erlernt werden.

Hufkrankheiten erkennen und einschätzen

Hufveränderungen

Man kann immer dann von einer Krankheit des Hufs sprechen, wenn dessen Funktion beeinträchtigt oder gestört ist. Dies ist auch dann der Fall, wenn der Huf durch äußere Einwirkungen – meist durch einen Schlag – verletzt wird. Derartige Hufveränderungen können aber auch durch schlechte Hornqualität hervorgerufen werden oder andere Krankheiten anzeigen.

Tragrand- und Kronrandspalten

Nicht selten haben Pferdebesitzer mit Rissen und Spalten im Hufhorn zu kämpfen. Diese können verschiedene Ursachen haben. Sehr häufig sieht man, daß bei einem beschlagenen Pferd die Hufwand vom **Tragrand** bis zur Nagelung Risse bekommt und schließlich wegbricht. Aber auch beim barfußgehenden Pferd können Spalten auftreten, die häufig die Ursache von Schlägen sind. Vor allem, wenn die Hufwand recht dünn ist – möglicherweise zu stark beraspelt wurde oder die Tragrandkante nicht sachgemäß berundet wurde – kann es schnell zu Rissen und Spalten kommen, wenn das Pferd beispielsweise auf einen Stein tritt. Andere Ursachen sind Stellungsfehler, vernachlässigte Hufpflege und infolgedessen eine schlechte Hornqualität, vitamin- und mineralstoffarme Fütterung oder Entzündungsprozesse.

Bei einem ansonsten gesunden Huf sind kleinere Einrisse, vom Tragrand ausgehend, nicht beunruhigend, wenn man sie frühzeitig erkennt und Gegenmaßnahmen ergreift, damit sie nicht weiterreißen. Zieht sich der Spalt, vom Tragrand ausgehend, nach oben in Richtung Kronrand, kann man das Ende des Spalts mit Hilfe einer Raspel mit einer Querrinne versehen, die ein Weiterreißen des Spalts verhindern soll. Diese Einkerbung sollte tiefer sein, als der

Vernachlässigte Hufpflege kann zu schlechter Hornqualität und damit zu Tragrand- und Kronrandspalten führen.

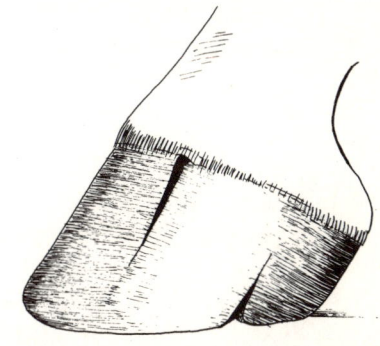

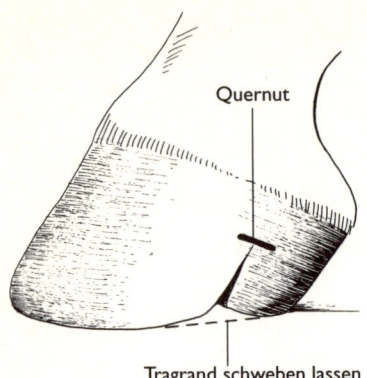

Quernut

Tragrand schweben lassen

Zur Korrektur einer Tragrandspalte raspelt man oberhalb des Spalts eine Quernut ein und läßt den Tragrand an der Stelle, an der der Spalt sitzt, schweben.

Spalt ist. Die Methode ist aber nicht immer erfolgreich. Besser ist es deshalb, den Tragrand an der Stelle, an der der Spalt sitzt, schweben zu lassen, um das Horn rund um den Spalt zu entlasten. Dabei muß der Spalt selbst peinlichst von Schmutz und Bakterien befreit werden. Die Reinigung erfolgt täglich. Alle drei Wochen wird der Huf erneut ausgeschnitten, um sicherzustellen, daß der Tragrand an der Stelle des Spalts keinen Bodenkontakt hat.

Seltener, dafür aber weitaus ernster zu beurteilen ist der **Kronrandspalt,** bei dem der Riß vom Kronrand ausgeht, aber nicht bis zum Tragrand verläuft. Meist ist die Ursache eine Entzündung des Kronsaums infolge einer Verletzung. Zur Heilung des Kronrandspalts kann man wenig beitragen. Es ist auf jeden Fall dafür zu sorgen, daß die Ursachen, die zum Hornspalt geführt haben, abgestellt werden.

Reicht der Spalt bis zur Huflederhaut, kann sich der Huf durch Eindringen von Bakterien infizieren. Infolgedessen lahmt das Pferd. Ein Tierarzt ist unter diesen Umständen prinzipiell zu konsultieren, denn im schlimmsten Fall kann das Pferd auch ausschuhen, also die ganze Hornkapsel verlieren. Grundsätzlich kann man bei allen Formen von Spalten im Huf die Erstversorgung vornehmen, das weitere Vorgehen sollte jedoch immer der Schmied in die Hand nehmen.

Querspalten

Querspalten sind horizontale Risse in der Hufwand und entstehen meist als Folge eines Hufabszesses, der letztendlich am Kronrand ausgebrochen ist. Normalerweise wachsen derartige Querspalten ohne größere Probleme heraus, dennoch sollte man stets darauf achten, daß sich im Spalt keine Bakterien ansammeln können. Der Huf ist deshalb gründlichst sauber zu halten.

Querspalten im Huf können die Folge eines Hufgeschwürs sein, das am Kronrand durchgebrochen ist.

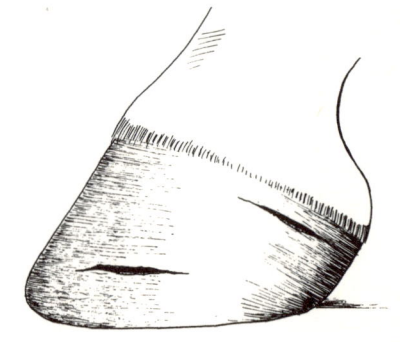

Rillen im Huf

Der gesunde Huf hat eine glatte Oberfläche. Bilden sich jedoch waagrechte Rillen, kann dies mehrere Ursachen haben:

● Häufig rühren sie von Futterumstellungen her, vor allem wenn im Frühjahr von der Heu- auf die Grasfütterung übergegangen wird. Dabei erhält das Pferd plötzlich mehr eiweißreiches Futter.

● Rillen im Huf können aber auch Anzeichen von verschiedenen Krankheiten sein. Stoffwechselstörungen, allgemeines Unwohlsein, Koliken, aber auch umgestellte Haltungsbedingungen greifen dabei in das Hufwachstum ein.

Bei Wachstumsstörungen bilden sich dann, vom Kronrand ausgehend, mehr oder weniger starke Rillen. Da der Huf sich im Laufe eines ganzen Jahres ungefähr einmal vollkommen erneuert, läßt sich auch anhand der Rillen im Huf der Zeitpunkt einer möglichen Krankheit ungefähr bestimmen. Je bodennaher die Rille am Huf ist, desto länger liegt die Ursache hierfür zurück.

Krankheiten

Weil es nicht möglich ist, direkt in den Huf hineinzusehen, und sich aufgrund der festen Hufkapsel auch keine Schwellungen oder andere Veränderungen im Außenbereich zeigen können, werden Hufkrankheiten oft erst sehr spät erkannt. Bei vielen Huferkrankungen lahmen die Pferde auch erst im fortgeschrittenen Stadium.

Hufrehe

Eine der gefürchtetsten Hufkrankheiten ist die Rehe. Sie kann in fortgeschrittenem Stadium dazu führen, daß das Pferd eingeschläfert werden muß, wenn die Behandlung nicht rechtzeitig einsetzt.

Wie bei allen Krankheiten ist natürlich die Vorbeugung stets besser als die Heilung. Deshalb ist es wichtig, zu wissen, wie man verhindern kann, daß ein Pferd an Hufrehe erkrankt. Die Ursachen sind unterschiedlich. In den meisten Fällen kommt aber die **Fütterungsrehe** vor, bei der das Pferd mit

Reherillen

Rillen im Huf darf man nicht verharmlosen. Sie können nämlich auch auf eine frühere Rehe hindeuten. Bei der fortgeschrittenen Hufrehe senkt sich das Hufbein und bricht im schlimmsten Fall durch die Hufsohle.

Einen leichten Reheanfall kann man erkennen, wenn man (auch kleinste) Rillen am Huf sorgfältig betrachtet. Sind diese im Zehenbereich weiter zusammengeschoben als im Trachtenbereich, muß dies als Alarmzeichen gelten und eine Hufbeinsenkung befürchtet werden.

Ist der Rehehuf schon weit fortgeschritten, bilden sich die Rillen stärker aus, und es entsteht ein Schnabel- und Knollhuf.

Hufrillen entstehen aber auch nach jeder plötzlichen Futterumstellung.

Lahmheiten – wann liegt die Ursache im Huf?

Bei Lahmheiten, deren Ursache nicht sofort erkennbar ist, kann eine Erkrankung des Hufs vorliegen. Die Gründe für rund zwei Drittel aller Lahmheiten sind im Huf zu suchen.

Oftmals kann man einen Verdacht aufgrund einer typischen Beinstellung äußern. Wird der Huf etwa auf die Spitze gestellt und vermeidet das Pferd, mit dem ganzen Huf aufzufußen, kann ein Hufabszeß vorliegen. Belastet es dagegen vornehmlich die Trachten und schiebt dabei sein Gewicht nach hinten, um den Zehenbereich zu entlasten, ist zumeist eine akute Hufrehe der Grund dafür.

Kraftfutter (vornehmlich Roggen, Gerste oder Mais) oder eiweißreichem Grünfutter überfüttert worden ist. Das Risiko liegt dabei vor allem in mangelnder Rohfaser und schnell vergärbaren Kohlehydraten. Viele Hufrehefälle treten deshalb auch im Frühjahr auf, wenn frisches Gras auf den Weiden wächst und die Pferde ohne Übergang zu lange grasen dürfen. Besonders anfällig für die Fütterungsrehe sind Ponys. Ein Reheschub kann aber zu jeder Jahreszeit auftreten, auch im Winter, wenn die Pferde mit Kleeheu oder zu hohen Kraftfuttermengen gefüttert werden.

Entscheidend ist es, die Zusammensetzung des Futters langsam zu ändern.

Ursachen können aber auch Überanstrengung auf harten Wegen (Bela-

Selbst kleinste Rillen, die an der Zehenwand stärker zusammengeschoben sind als im Trachtenbereich, können bereits auf eine Hufbeinsenkung hindeuten (links). In fortgeschrittenem Stadium der Hufrehe bildet sich durch die Hufbeinsenkung schließlich der Knollhuf aus.

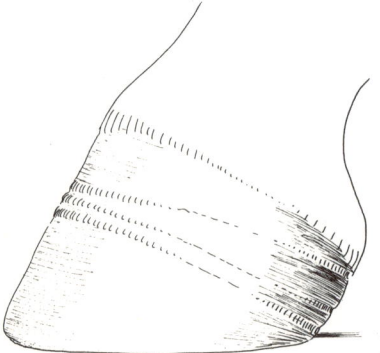
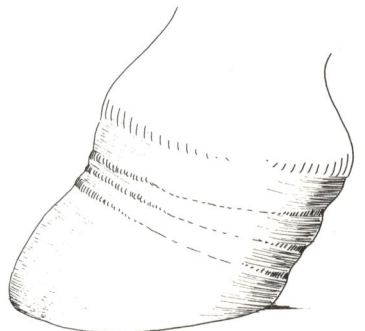

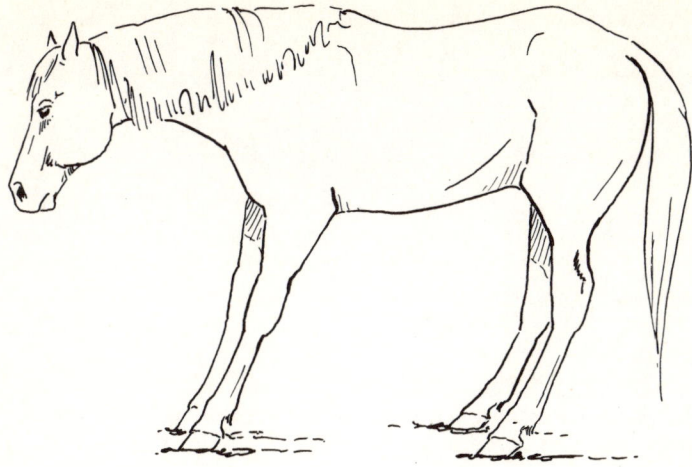

Die typische Haltung bei akuter Hufrehe: Das Pferd entlastet die Vorderbeine, indem es sein Gewicht auf die Hinterhand schiebt.

stungsrehe) oder eine Infektion der Gebärmutter durch eine Nachgeburtsverhaltung sein (Geburtsrehe).

Bei der Rehe kommt es zur Entzündung der Huflederhaut mit einem Blutstau, der die Verbindung zwischen dem Hufbein und der Hornkapsel löst. Da die feste Verbindung zwischen dem Hufbein und der Hornkapsel nicht mehr stabil genug ist, senkt sich das Hufbein. Im Endstadium kann das Hufbein durch die Hufsohle brechen.

Oftmals bleiben Reheschübe vom Besitzer eines Pferdes unbemerkt, wenn die Rehe schleichend verläuft. Deshalb sollte immer auf eine ausgewogene Fütterung geachtet und eine Überbeanspruchung auf harten Wegen vermieden werden.

In akutem Stadium ist eine Rehe unverkennbar:

- Das Pferd hat starke Schmerzen.
- Es verlagert sein Gewicht auf die Trachten.
- Da die Hufrehe in den meisten Fällen die Vorderhufe befällt, wird das Hauptgewicht auf die Hinterhand verlagert und diese daher tief unter den Körper geschoben.
- Das Pferd bewegt sich nur widerwillig.
- Pulsation ist am Fesselkopf fühlbar.

Bei akuter Hufrehe ist sofort der Tierarzt zu alarmieren, weil die Behandlung so schnell wie nur irgend möglich einsetzen muß. Für Erste-Hilfe-Maßnahmen stellt man das Pferd auf weiche Einstreu (Sägemehl, Torf oder Sand) und kühlt die Hufe mit Wasser.

Strahlbeinlahmheit

Die auch unter dem Begriff *Hufrollenentzündung* bekannte Strahlbeinlahmheit ist schwer zu heilen. Die Krankheit entsteht durch Überbeanspruchung der sogenannten Hufrolle,

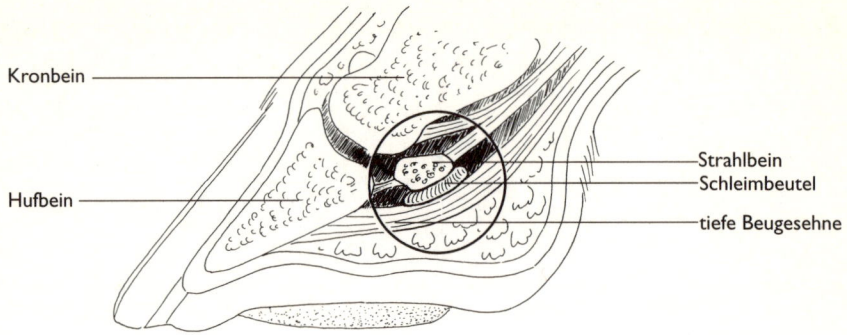

Kronbein

Hufbein

Strahlbein
Schleimbeutel

tiefe Beugesehne

Bei der Strahlbeinlahmheit wird zunächst der Schleimbeutel über dem Strahlbein durch die tiefe Beugesehne gequetscht. Dieser entzündet sich dadurch.

- die aus dem Strahlbein,
- dem Hufrollen-Schleimbeutel
- sowie der tiefen Beugesehne besteht.

Die Beugesehne gleitet in der Bewegung über das Strahlbein beziehungsweise den Schleimbeutel wie auf einer Umlenkrolle. Bei extremer Beanspruchung wird dieser Schleimbeutel gequetscht, und er entzündet sich. Schon in dieser Phase beginnt die Hufrollenentzündung. Man kann die Hufrollenkrankheit in verschiedene Stadien einteilen, und dabei ist die Schleimbeutelentzündung sicherlich das erste Stadium.

Wird die Entzündung des Schleimbeutels nicht rechtzeitig erkannt und behandelt, zieht sie auch den Knorpel des Strahlbeins in Mitleidenschaft. Zunächst ist dies auf dem Röntgenbild als Kapillarerweiterung (Blutgefäßerweiterung) zu erkennen. Schließlich wird das Strahlbein angegriffen.

Von der Krankheit waren ursprüng-lich hauptsächlich Warmblutpferde betroffen, wobei auch eine Vererblichkeit zu vermuten ist. Die These der Überbeanspruchung als Krankheitsursache wird durch die Tatsache unterstützt, daß die Hufrollenentzündung als »Berufskrankheit der Springpferde« angesehen wird, aber auch daß sie zumeist erst bei älteren Pferden in Erscheinung tritt. Sind Jungpferde betroffen, kann es sich um eine Überempfindlichkeit der Hufrolle handeln, deren Ursache in einer erblichen Veranlagung zu suchen ist. Mittlerweile tritt die Krankheit bei fast allen Pferderassen auf, insbesondere aber bei Sportpferden, die stark oder zu stark beansprucht wurden, sowie bei Pferden, die zu früh an ihre Leistungsgrenze gebracht wurden.

Die endgültige Diagnose kann nur anhand von Röntgenbildern erfolgen, erste Anzeichen – meist sind auch hier die Vorderbeine betroffen – sind ein klammer Gang (vor allem zu Beginn der Arbeit) und Unregelmäßigkeiten bei den Wendungen. Leider ist die Krankheit schon sehr weit fortgeschritten, wenn das Pferd zu lahmen beginnt.

Zur **Behandlung** gibt der Tierarzt zunächst einmal ein entzündungshem-

Die Brett- und Keilprobe

Bei der *Brettprobe* wird die vermutlich erkrankte Gliedmaße auf das Ende eines etwa zwei Meter langen Brettes gestellt, darauf das gegenüberliegende Bein aufgehoben. Nun hebt man das Brett an seinem anderen Ende vorsichtig an, bis eine Winkelung von etwa 15 Grad erreicht ist. Dadurch gerät der gesamte Fuß des Pferdes vom Fesselgelenk an abwärts in eine Überstreckungsstellung. Etwa vorhandene Knochenzuwächse am Gelenkrand oder an Bandansätzen werden dadurch in ihrer Schmerzhaftigkeit intensiviert. Nach zwei Minuten läßt man das Pferd vortraben. Es lahmt dann verstärkt, wenn krankhafte Veränderungen vorhanden sind. Bei starken Schmerzen springt der Patient vorzeitig vom Brett ab oder wird unruhig.

Zur *Keilprobe* wird der betroffene Huf auf einen Holzkeil mit etwa 15 Grad Steigung gesetzt und dort für zwei Minuten unter Anhebung des gegenseitigen Beines belassen. Vortraben und Bewertung vorzeitigen Abspringens erfolgen wie bei der Brettprobe. In beiden Verfahren muß zur Kontrolle auch die gegenseitige Gliedmaße getestet werden, beide Verfahren verlangen viel Erfahrung vom Untersucher, und beide sind, wie auch die Beugeprobe, nicht sehr spezifisch. Aus diesem Grund werden sie heute nur noch selten angewandt. Diese Proben von Laien durchführen zu lassen, ist nicht nur sinnlos, sondern vor allem wegen der insbesondere bei der Brettprobe auftretenden hohen Beinbelastung auch gefährlich und daher nicht zu empfehlen.

mendes Mittel, um die Schleimbeutelentzündung in den Griff zu bekommen. Auch der Hufschmied ist nun gefordert, um über einen unterstützenden Beschlag die Heilungsaussichten zu verbessern. Hierfür hat sich unter anderem das sogenannte Eiereisen bewährt. Sehr wichtig ist, daß das Pferd immer auf demselben Hufwinkel steht, damit die tiefe Beugesehne stets den gleichen Zug über dem Schleimbeutel aufweist.

Inzwischen gibt es Hufrollenpferde, die nach der Behandlung wieder im großen Sport eingesetzt werden können. Die Grundvoraussetzung hierfür ist aber neben der tierärztlichen Versorgung und der Betreuung durch einen fachkundigen Schmied eine konsequente Pause von bis zu zwei Jahren. In dieser Zeit sollte das Pferd nicht geritten werden, damit die Hufrolle die Möglichkeit bekommt, sich mit Hilfe der Natur wieder zu regenerieren.

Hufabszeß

Ein Hufabszeß ist eine eitrige Huflederhautentzündung und entsteht meist durch Eindringen von Bakterien (häufig über die weiße Linie) in den Huf.

Die Lahmheit zeigt sich in vielen Fällen erst nach einigen Tagen. Durch Abdrücken der Hufsohle mit der Hufuntersuchungszange kann der Eiterherd lokalisiert werden. Die Hufsohle muß dort trichterförmig aufgeschnitten werden, damit der Eiter ablaufen kann. Ein desinfizierender Hufverband ist in den nächsten Tagen wichtig, damit kein Schmutz in die Wunde gelangen kann.

Wird ein Hufabszeß nicht erkannt, kann sich die Entzündung bis zum Kronrand erstrecken. Das Pferd erleidet dabei große Schmerzen, das Bein wird nicht mehr belastet. Der Abszeß wird schließlich am Kronrand aufbrechen, denn dort erst ist ein Austritt möglich, weil die Hufkapsel eine feste Hülle bildet. Das kann einige Wochen dauern und zu schweren gesundheitlichen Störungen führen.

Nageltritt

Die allgemein als Nageltritt bekannte Verletzung kann auch durch Eintreten von anderen Gegenständen hervorgerufen werden. Meist sind es scharfkantige Metalle, Glas oder Steinchen, die sich durch die Hufsohle bohren und die inneren Teile verletzen können.

Manchmal wird nur die Huflederhaut in Mitleidenschaft gezogen, es können aber auch Hufrolle, Schleimbeutel, Hufgelenk und andere wichtige funktionelle Strukturen verletzt werden.

Nach der **Erstversorgung**, bei der man zum Schutz der Verletzung einen Hufverband anlegt, muß sofort der Tierarzt gerufen werden. Der eingetretene Gegenstand sollte nur vom Tierarzt entfernt werden, denn über Eintrittskanal und -tiefe kann der Tierarzt wertvolle Informationen über die inneren Verletzungen erhalten. Der Nagel darf aber vorsichtig abgezwickt werden, wenn er zu weit über den Tragrand hinausragt und bei jedem Schritt tiefer in die Wunde einzudringen droht.

Selbstverständlich sollte der **Tetanusschutz** kontrolliert werden, denn Nageltrittwunden sind ideale Eingangspforten für die Erreger des Wundstarrkrampfes.

Strahlfäule

Fast immer ist ungenügende Stallhygiene der Grund für Strahlfäule, bei der sich das weiche Horn des Strahls regelrecht zersetzt. Der Strahl hat eine schwärzliche Färbung und riecht äußerst unangenehm. Manchmal ist vom Zersetzungsprozeß auch schon die weiße Linie angegriffen.

Strahlfäule kann auch dann entstehen, wenn die Pferde über einen längeren Zeitraum auf sehr feuchtem Boden stehen. Uringetränkte und kotdurchsetzte Einstreu ist aber meist die Ursache von Strahlfäule. Deshalb ist es notwendig, zunächst für trockenen und sauberen Boden zu sorgen.

Zur Behandlung wird der Schmied das angegriffene Horn mit dem Hufmesser entfernen. Nach gründlicher Reinigung bietet sich an, die Hufsohle mit zehnprozentigem Jodoformäther zu behandeln. Dieser hat eine desinfizierende Wirkung und ist besser als Hufteer, der die Hufsohle gänzlich abschließt, denn Bakterien können sich unter Luftabschluß besonders gut entwickeln.

Das in Amerika entwickelte Mittel »Thrush buster«, das man über viele Hufschmiede beziehen kann, soll außerdem ein wirkungsvolles Präparat sein. Dieses Mittel ist in flüssiger Form erhältlich und erreicht somit alle betroffenen Stellen im Strahl.

Hufkrebs

Im Anfangsstadium wird der Hufkrebs häufig mit der Strahlfäule verwechselt, weil dabei ähnliche Symptome auftreten. Die Krankheit, bei der eine chronische Entzündung der Huflederhaut vorliegt, wird meist erst dann als Hufkrebs diagnostiziert, wenn die Gewebsveränderungen auch auf die Sohle übergehen.

Kaltblutpferde sind vom Hufkrebs häufiger betroffen als leichtere Pferderassen. Meist tritt die Krankheit an den Hinterhufen auf. Obwohl die Tendenz zur Vererblichkeit gegeben ist, spielt auch mangelnde Stallhygiene beim Ausbruch der Krankheit eine Rolle.

Die Heilungsaussichten sind gering, jedoch nicht hoffnungslos. Je nach Grad der Krankheit kann eine Radikaloperation helfen, bei der das veränderte Gewebe entfernt wird. Eine anschließende medikamentöse Behandlung sowie penible Sauberkeit im Stall sind Voraussetzungen, um Rückfälle möglichst zu verhindern.

Hufknorpelverknöcherung

Das Hufbein geht in einen Hufknorpel über, der infolge Überbeanspruchung auf harten Böden im Laufe der Zeit verknöchern kann. Die Elastizität geht dabei verloren, es kann in fortgeschrittenem Stadium zu Lahmheiten kommen.

Die Sohle kann bei der Hufknorpelverknöcherung besser arbeiten, wenn man mit dem Kopf einer alten Raspel kreisförmig einige Kerben in die Sohle einbrennt.

Meist erkranken schwere Pferde an einer Hufknorpelverknöcherung, bei leichteren Rassen wird sie seltener beobachtet.

Häufiger betroffen von der Krankheit sind auch Pferde mit Stellungsfehlern, aber die Veranlagung hierzu ist auch erblich. Um den Druck zu mildern, brennt man mit dem Kopf einer alten Raspel seitlich an den Trachten zwei bis drei Kerben ein. Ebenso verfährt man mit der Hufsohle, an der man um die Strahlspitze die Kerben kreisförmig einbrennt, um die Sohle besser arbeiten zu lassen.

Hufschutz

Unten ohne?

Kein Pferd kommt mit Hufeisen zur Welt, doch sehr viele Pferde laufen mit einem Eisenbeschlag durchs Leben. Woher kommt das?

Heute werden die meisten Pferde hobbymäßig gehalten und geritten, während in früheren Tagen die Tiere zum Arbeiten herangezogen werden mußten. Dabei wurde den Pferden abverlangt, auf hartem Untergrund über den ganzen Tag hinweg Lasten zu schleppen oder Wagen zu ziehen. Für derartige Beanspruchungen ist der Huf des Pferdes von Natur aus nicht vorgesehen, so daß ein Hufschutz notwendig war.

Wohl aus praktischen Gründen hat er sich bis in die heutige Zeit erhalten, und die Pferde werden schon »traditionsgemäß« mit Eisen beschlagen. Dabei würden sicherlich über die Hälfte aller beschlagenen Pferde auch ohne Eisen auskommen, denn sehr häufig werden die Tiere nur noch freizeitmäßig eingesetzt und sind bestenfalls zwei Stunden täglich im »Gelände« unterwegs. Der Huf ist demnach keinen großen Beanspruchungen mehr ausgesetzt, so daß sich unter bestimmten Voraussetzungen die Abnutzung des Horns mit dem natürlichen Wachstum durchaus die Waage halten kann.

Das Barfußpferd

Fast jedes freizeitmäßig gehaltene Pferd kann ohne Beschlag auskommen, wenn die Voraussetzungen hierfür stimmen.

Zunächst einmal ist es sehr wichtig, daß das Pferd gesunde und korrekte Hufe hat. Es sollte keine groben Stellungsfehler haben, die sich auch negativ auf die Hufform auswirken. Außerdem sollte die Hornqualität zufriedenstellend sein.

Der nächste Punkt ist eine möglichst artgerechte Haltungsform. Das Pferd muß die Möglichkeit haben, sich viel zu bewegen, damit der Hufmechanismus in Schwung bleibt, der Huf gut durchblutet und infolgedessen mit wichtigen Nährstoffen versorgt wird und somit wiederum ein gutes Hornwachstum gewährleistet ist. Dabei müssen gleichermaßen harte und weiche Böden zur Verfügung stehen.

Es muß auch die Nutzung des Pferdes in Betracht gezogen werden. Pferde, die beispielsweise häufig auf längeren Wanderritten eingesetzt werden, oder Turnierpferde, deren Beine und Hufe größeren Belastungen ausgesetzt sind, können nur selten ganzjährig ohne Hufschutz laufen. Dann sollte man wenigstens in Trainingspausen – beispielsweise im Winter – das Barfußlaufen ermöglichen.

Voraussetzungen fürs Barfußlaufen

Will man seinem Pferd die Möglichkeit geben, ohne Hufschutz zu laufen, müssen folgende Voraussetzungen erfüllt werden:
- Die Haltungsbedingungen müssen möglichst artgerecht sein (viel Auslauf, unterschiedliche Bodenverhältnisse).
- Die Qualität des Hufhorns sowie die Gliedmaßenstellungen sollten nicht extrem vom Idealmaß abweichen.
- Der Einsatz des Pferdes darf nicht übermäßig sein, um einen unnatürlich großen Abrieb des Horns zu vermeiden.

Die Umstellung aufs Barfußlaufen

Es ist nicht damit getan, dem Pferd einfach die Eisen abzunehmen, wenn man es aufs Barfußlaufen umstellen will. Dies kann nur in den seltensten Fällen gelingen, denn der Huf ist an den Schutz der Eisen gewöhnt. Das bedeutet, daß der Huf sich erst einmal an das Laufen ohne Eisen anpassen muß.

Das Hufhorn ist trainierbar, genauso wie die menschliche Haut. Wenn man häufig mit bestimmten Werkzeugen arbeitet, bilden sich Schwielen an den Händen. Läuft man im Sommer draußen barfuß, bekommt man Hornhäute an den Fußsohlen, daß einem Bodenunebenheiten und Steinchen nicht mehr weh tun, wenn man darauf tritt. Es dauert allerdings eine gewisse Zeit, bis die Fußsohle unempfindlich geworden ist.

Für den Huf des Pferdes gilt das gleiche Prinzip. Wenn die Eisen abgenommen werden, benötigt der Huf eine gewisse Zeit, um sich an den Boden zu gewöhnen. Es ist deshalb nicht richtig, wenn man das Pferd nun nur auf weichen Untergrund stellt, weil es sich an einen harten Boden dann nicht gewöhnen kann. Deshalb sind beide Bodentypen sinnvoll:

Vorsicht, klammer Gang ⚠️

Bei der Umstellung aufs Barfußlaufen dürfen keine Anzeichen von Lahmheiten wie beispielsweise ein klammer Gang toleriert werden, weil diese immer mit Schmerzen für das Pferd verbunden sind. Wenn der Tragrand zuwenig Horn aufweist, ist ein Hufschutz angebracht. Niemals sollte man mit Gewalt das Barfußlaufen eines Pferdes erzwingen wollen!

Der weiche Untergrund gewährleistet, daß der Huf nicht zu stark abgenutzt wird, der harte Boden ist notwendig, damit der Huf abgehärtet wird.

Die Nutzung des Pferdes ist außerdem auf den Barfußhuf einzustellen. Übermäßige Beanspruchungen durch lange Ritte oder Ausritte auf extrem harten Böden sind zu vermeiden, um den Abrieb des Hufs in natürlichem Rahmen zu halten. Dennoch darf man aber nicht den Fehler machen, das Pferd nun regelrecht ruhigzustellen. Der Vierbeiner benötigt unbedingt viel Bewegung, damit das Hufwachstum angeregt wird. Häufiger Weidegang bietet sich hier in erster Linie an.

Man muß für die Umstellungsphase von einem beschlagenen Pferd zu einem Barfußläufer ungefähr ein Jahr veranschlagen. Das ist die Zeit, in der sich das Hufhorn vollkommen erneuert. Bis sich das Pferd an das Barfußlaufen gewöhnt hat, muß man eine eingeschränkte Reittätigkeit in Kauf nehmen, doch bei den meisten Pferden lohnt sich der Verzicht allemal.

Bei der Umstellung aufs Barfußlaufen benötigt das Pferd eine gewisse Zeit, bis sich seine Hufe an den Boden gewöhnt haben. In der Übergangszeit sollte man beim Reiten deshalb auf weiches Geläuf achten.

Schutzmaßnahmen

Wann immer es möglich ist, sollte man es seinem Pferd gönnen, barfuß laufen zu dürfen. Das ist jedoch nicht der Fall, wenn das Pferd aufgrund von Fehlstellungen oder Krankheiten einen Korrekturbeschlag benötigt.

Auch eine ungenügende Hornqualität oder ein schlechtes Hufwachstum zwingen viele Pferdebesitzer zur Wahl eines Hufschutzes. Manchmal kann man mit richtiger Hufpflege die Hufqualität so verbessern, daß auch ein solches Pferd in Zukunft auf Eisen verzichten kann. Obwohl ein Großteil der Freizeitpferde durchaus jederzeit ohne Schutzmaßnahmen auskommen kann, ist es bei manchen Pferden dennoch notwendig, einen Beschlag anzubringen. Dies ist häufig dadurch bedingt, daß in der Zucht über Generationen hinweg eine gute Hufqualität vernachlässigt wurde.

Ist ein Hufschutz notwendig, stellt sich dem Pferdebesitzer die Frage nach der Art von Schutzmaßnahmen. Mittlerweile hat man eine größere Auswahl von Alternativen zu den obligatorischen Hufeisen. Vor allem Kunststoffbeschläge und Hufschuhe kommen immer stärker auf den Markt.

Der Eisenbeschlag

Der Schutz der Hufe durch das Aufnageln von Eisen hat sich seit über 2000 Jahren bewährt. Mit hoher Wahrscheinlichkeit waren es die Kelten, die als erste ihren Pferden Hufeisen aufnagelten. Seither hat sich die Form der Eisen nur geringfügig verändert, bemerkenswert ist vor allem die Tatsache, daß man auch heute noch immer das gleiche Material verwendet. Das Hufeisen hat über Jahrhunderte hinweg die Hufprobleme zufriedenstellend lösen können.

Dennoch hat auch der Eisenbeschlag seine Nachteile, die nun immer häufiger an den Pranger gestellt werden, da man zunehmend auf bessere Alternativen ausweichen kann. Der Eisenbeschlag kann den Hufmechanismus beeinträchtigen, vor allem wenn nicht korrekt genagelt worden ist. Tierärzte führen auch viele Sehnenprobleme auf den Eisenbeschlag zurück. Nicht zuletzt macht der Eisenbeschlag im Winter durch Aufstol-

Der Pferdefuß des Eisenbeschlags

Ein Hauptproblem des Eisenbeschlags ist das hohe Gewicht der Hufeisen. Bei hoher Beschleunigung (Laufen) wird das Pferdebein extremen Zugbelastungen ausgesetzt, die auf Dauer Sehnenschäden hervorrufen können. Außerdem engt das Eisen den Hufmechanismus ein und erhöht durch die fehlende Elastizität die Erschütterungen für die Gelenke der Beine. Deshalb ist man in neuester Zeit bemüht, diese Nachteile durch die Verwendung von Kunststoffbeschlägen zu verringern. Leider aber reichen die meisten Alternativen nicht an die Abriebfestigkeit der altbewährten Eisen heran.

Der Eisenbeschlag zum Schutz der Hufe hat sich seit mehr als 2000 Jahren bewährt.

len von Schnee Probleme, wenn nicht mit speziellen Einlagen beschlagen wird, die nur eine unzureichende Lebensdauer aufweisen. Zu guter Letzt scheint der Beruf des Hufschmieds langsam auszusterben, kaum ein Hufschmied fertigt seine Hufeisen noch selbst an, und für den Pferdebesitzer ist es schwierig, einen guten Hufschmied zu finden.

Der Kunststoffbeschlag

Eine große Zukunft sagen Fachleute dem Kunststoffbeschlag voraus. Es gibt ihn mittlerweile in den verschiedensten Variationen, so daß der Markt schon fast unüberschaubar geworden ist. Geworben wird häufig mit einer ähnlich langen

Haltbarkeit, wie man sie beim Eisenbeschlag findet, doch der eigentliche Vorteil des Kunststoffbeschlags liegt in seinem geringen Gewicht.

Die Flexibilität des Materials engt den Hufmechanismus kaum ein. Die Voraussetzung hierfür ist aber in erster Linie eine korrekte Nagelung.

Der Kunststoffbeschlag kann auch als »Zwischenlösung« zur Umstellung auf das Barfußlaufen dienen. Das Pferd kann sich langsam an die Unebenheiten des Bodens gewöhnen, weil das Kunststoff-»eisen« so weich und flexibel ist, daß das Pferd Steinchen und Unebenheiten durch das Material hindurch spüren kann.

Einen negativen Aspekt hat die Flexibilität verschiedener Kunststoffbeschläge aber dennoch. Der Hufschutz läßt sich sehr leicht vom Tragrand wegklappen, so daß sich schnell Steinchen und

Schmutz zwischen Huf und Kunststoff-beschlag schieben können.

Der sinnvolle und erfolgreiche Einsatz von alternativen Beschlägen – es gibt auch andere Materialien wie Gummi oder Aluminium – ist auch vom jeweiligen Pferdetyp, seinem Gang, seiner Beinstellung und seiner Nutzung abhängig.

Hufschuhe

Wenn Krankheiten wie Hufabszesse oder Hornspalten das Pferd plagen, aber auch wenn die Hornqualität so schlecht ist, daß an der Hufwand nicht genagelt werden kann, sind Hufschuhe die richtige und oftmals einzige Lösung.

Ein großer Vorteil dieser Hufschutz-maßnahme ist, daß nicht genagelt werden muß und der Hufschuh jederzeit

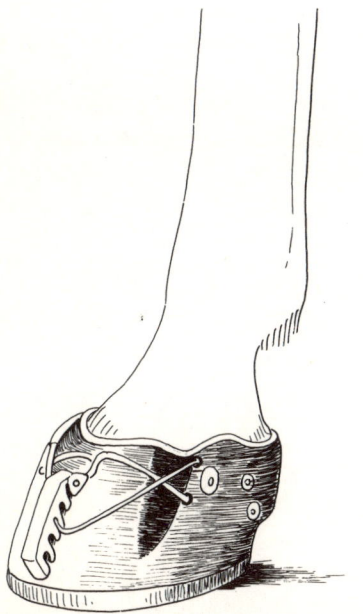

abgenommen werden kann. So werden Hufschuhe hauptsächlich beim Reiten aufgezogen. Stehen die Pferde in der Box oder im Auslauf, wird der Schutz wieder abgenommen.

Der Hufschuh kann auch vorübergehend verwendet werden, etwa zur Überbrückung bei stark abgelaufenen Barhufen oder wenn ein Hufeisen verlorengegangen ist. Hufschuhe können ebenfalls sinnvoll zum Einsatz kommen, wenn man mit einem Barfußpferd längere Geländeritte plant, bei denen das Hufhorn ansonsten eine zu starke Abnutzung erfahren würde.

Hufschuhe hätten sich im Freizeit-reitbereich wohl schon längst durchgesetzt, wenn die Anwendung in der Praxis so problemlos wäre, wie sie sich anhört. Leider gibt es aber häufig extreme Schwierigkeiten bei der Anpassung. Oft verliert man die Schuhe beim Reiten, vor allem wenn sie nicht hundertprozentig am Huf sitzen. Das ist natürlich sehr ärgerlich, ganz besonders dann, wenn man den Verlust nicht sofort bemerkt hat, denn Hufschuhe sind relativ teuer. Das An- und Ausziehen der »Pferdepantoffeln« vor und nach dem Ritt ist ein zusätzlicher Aufwand.

Geeignet sind Hufschuhe außerdem lediglich für den Freizeitreitbereich. Extremen Bedingungen wie beim leistungsorientierten Turniersport, bei Rennen oder in der Military sind sie nicht gewachsen.

Hufschuhe können als alternative Schutz-maßnahme sehr praktisch sein.

Der gute Hufschmied

Mittlerweile kann man die Qualität eines Hufschmieds nicht mehr unbedingt nach seinem Meisterbrief allein messen.

Das hat vor allem damit zu tun, daß die Ausbildung zum Hufschmied ein langer, beschwerlicher Weg ist. Die Voraussetzung ist eine abgeschlossene Lehre in einem Metallberuf. Dieser hat noch keinen Bezug zu Pferden. Fachleute kritisieren, daß dieser Ausbildungsweg längst überholt ist, denn der Schwerpunkt einer Hufschmiedeausbildung liegt in der Bearbeitung von Eisen, nicht jedoch am Huf – seinem Aufbau, seinen Krankheiten und der Zubereitung. Dies um so mehr, da immer stärker andere Materialien wie Kunststoff oder Gummi auf den Markt drängen. Die Hufschmiede – ob schlecht oder gut – sind trotzdem alle zeitlich ausgelastet, denn die Pferde werden immer zahlreicher.

Ein Hufschmied ist aufgrund der laufenden Neuerungen und der von vielen als ungenügend auf das Pferd zugeschnittenen Berufsausbildung gefordert, sich ununterbrochen weiterzubilden und auch mit alternativen Hufschutzmethoden auseinanderzusetzen. Er muß ebenso in der Lage sein, Krankheiten zu erkennen und einzuschätzen, die möglicherweise eine Auswirkung auf die Hufqualität haben könnten. Die enge Zusammenarbeit mit dem Tierarzt darf ihm dabei nicht fremd sein.

Einen guten Hufschmied macht nicht das Handwerk allein aus, sondern auch die Fähigkeit, mit Pferden umzugehen. Er muß Pferdeverstand beweisen, Pferde lieben und ein Horseman sein.

Gute Hufschmiede lassen das Pferd vor und nach dem Beschlag vortraben.

Bei seiner Arbeit sollte er außerdem auf die Wünsche des Pferdebesitzers eingehen, sofern dies zum Wohle des Pferdes geschehen kann. Dazu gehört auch, die Nutzung des Pferdes zu berücksichtigen. Die Fragen nach der Reitweise, der Häufigkeit von Ausritten oder der Wegewahl sind dabei keine Neugier, sondern dienen dem Hufschmied dazu, seine Arbeit perfekt den Belangen von Pferd und Reiter anzupassen.

Das Schmieden und Anpassen des Eisens

Jeder Huf hat seine individuelle Form, und es spricht für den Schmied, wenn er das Eisen dem Huf anpaßt und nicht umgekehrt. Schließlich besagt ein Sprichwort: »Am Amboß wird ein Pferd vernagelt«, worin viel Wahrheit liegt.

Wenn der Hufschmied das heiß geschmiedete Eisen leicht auf den Huf drückt, entsteht der sogenannte Abbrand auf dem Hufeisen. Danach kann man beurteilen, ob die Nagellöcher auf der weißen Linie liegen. Ist dies der Fall, ist das Eisen richtig angepaßt. Auch sollte es beim Aufbrennen zu keiner allzu großen Rauchentwicklung kommen. Dies würde bedeuten, daß der Hufschmied das Eisen zu lange aufbrennt und zu viel Horn wegsengt. Unter dieser Austrocknung leidet die gesamte Hufkapsel.

Korrekt geschmiedet wird ein Eisen von vorne nach hinten. Der Schmied beginnt also an den Zehen, die Hufeisenform zu verändern, und endet mit den Schenkeln. Die Eisen sollten mit dem Tragrand bündig bis zum dritten Nagelloch abschließen. Dahinter stehen sie etwa zwei Millimeter über, um dem Hufmechanismus Rechnung zu tragen. Auf dem Überstand sollte ein Zehnpfennigstück senkrecht stehen können. Die Schenkel sollten nach hinten hinausragen, damit die Trachten gut gestützt werden.

Die Nagelung

So mancher Hufschmied will dem Pferdebesitzer zeigen, daß er für sein Geld auch etwas tut. Dabei läßt er sich nicht

»Am Amboß wird ein Pferd vernagelt« heißt ein wahres Sprichwort, denn die Form des Eisens ist dafür verantwortlich, ob der Hufschutz paßt.

Individueller Hufbeschlag

Gute Schmiede gehen beim Hufbeschlag auf die Bedürfnisse von Pferd und Reiter ein. Das bedeutet, daß sie auch einmal von festgefahrenen Standardmethoden abweichen, wenn es bestimmte Umstände erfordern.

So kann der Schmied beispielsweise die Schenkelenden an den vorderen Eisen recht knapp halten, wenn es sich um ein Pferd handelt, das sich gerne in die Vordereisen tritt. Es nützt nichts, wenn nach der allgemeinen Lehrmethode ein Überstand verlangt wird, das Pferd sich aber nach zwei Tagen das Eisen abtritt. Deshalb müssen alle standardisierten Grundsätze relativiert werden.

selten dazu verleiten, mehr vom Huf wegzuschneiden und mehr Nägel einzuschlagen, als es notwendig ist. So werden sämtliche Nagellöcher in den vorgefertigten Eisen ausgenutzt und in jedes Loch ein Nagel geschlagen. Das sind dann pro Huf acht Stück.

Diese Unsitte wird damit verteidigt, daß so die Eisen besser halten. Der Hufschmied nagelt auf diese Weise jedoch den Hufmechanismus fest. Der Huf kann sich nicht dehnen, die »Blutpumpe« funktioniert daher nicht richtig, und durch die extremen Spannungen bricht das Horn, von den Nagellöchern beginnend, an der Hufwand aus.

Als Anhaltspunkt kann man sich merken, daß die Nägel nur bis zur weitesten Stelle des Hufs eingeschlagen werden dürfen. Die weiteste Stelle ist häufig auch mit der Spitze des Strahls identisch. Im Normalfall sind zwei mal drei Nägel pro Huf sinnvoll. Der vierte Nagel ist in der Regel überflüssig und in vielen Fällen sogar schädlich.

Ein weiteres Indiz für einen guten Beschlag findet sich an den Austrittsstellen der Hufnägel. Sitzen die Nägel exakt in einer Linie nebeneinander, kann man davon ausgehen, daß das Eisen gut vorbereitet wurde und die Nägel in der weißen Linie sitzen.

Die weiteste Stelle des Hufs ist häufig mit der Strahlspitze identisch. Bis zu dieser Linie darf genagelt werden.

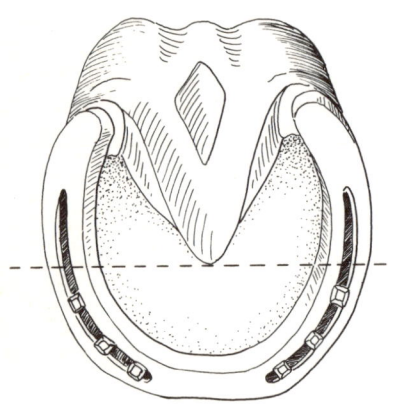

Die Zehenrichtung

Ein guter Hufschmied nagelt das Eisen etwas zurückgesetzt auf und hält die Zehe kurz. Sinn der Sache ist, daß das Pferd besser abrollen und somit schneller vom Boden abfußen kann. Das schont die Sehnen und erleichtert dem Pferd das Laufen. So mancher Reiter hatte dabei plötzlich den Eindruck, sein Pferd würde regelrecht fliegen.

Noch wichtiger ist es, das Eisen zusätzlich an der Zehe etwas hochzuziehen. Damit wird dem Pferd das Abrollen erleichtert.

Wird keine solche Zehenrichtung eingearbeitet, nutzt sich das Eisen im Laufe der Zeit an der Zehe stark ab, das Pferd läuft sich die notwendige Zehenrichtung selbst an. Dies bedeutet aber eine stärkere Belastung der Sehnen und Bänder.

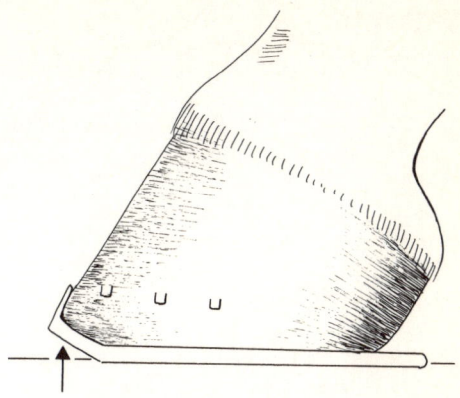

Bei einem guten Beschlag ist eine Zehenrichtung eingearbeitet. Das Eisen sollte gut untergesetzt sein und darf an den Trachten leicht überstehen.

Woran erkennt man einen guten Schmied?

Ein guter Hufschmied
- fragt nach Nutzung, Reitweise und Wegewahl,
- richtet den Hufbeschlag auf jedes Pferd individuell aus,
- fertigt das Eisen mit ein bis zwei Hitzen,
- brennt das Hufeisen nur kurz auf,
- prüft am Abbrand die Paßform des Eisens,
- läßt das Eisen nach dem dritten Nagelloch leicht überstehen,
- unterstützt die Trachten mit langen Schenkelenden,
- schneidet nicht unnötig viel Horn weg (vor allem der Strahl sollte nur sparsam beschnitten werden),
- nagelt nicht hinter der weitesten Stelle des Hufs,
- setzt das Eisen leicht zurück, also »unter das Pferd« und nicht auf die Hufwand,
- achtet auf die Zehenrichtung, die dem Pferd das Abrollen erleichtert,
- läßt das Pferd vor und nach dem Beschlag vortraben.

Einen guten Hufbeschlag erkennt man erst in der fünften bis sechsten Woche, nicht beim frischen Beschlag. Auch nach fünf bis sechs Wochen sollen die Zehen noch kurz und ein problemloses Abrollen möglich sein. Einen guten Hufschmied hat man außerdem an der Hand, wenn er dem Pferdebesitzer erklärt, weshalb er etwas auf eine bestimmte Weise macht. Er spricht sich bei Problemfällen mit dem Tierarzt und dem Pferdebesitzer ab und arbeitet stets für das Wohl des Pferdes.

Anhang

Danksagung

Für die große Unterstützung bei der Arbeit zu diesem Buch möchte ich mich ganz herzlich bei meinem Mann Peter bedanken. Für die fachliche Beratung bedanke ich mich bei meinen Freunden und Hufschmieden Veit Grohmann, Willie Ostiadal und Peer Kraft.

Januar 1997
Renate Ettl

Adressen

GdHK – Gesellschaft der Huf- und Klauenpflege e.V.
BESW Hufpflegeschule
Frauenbündlstr. 14
85625 Glonn
Tel. 0 80 93-50 28

Institut für Hufgesundheit
Blaihofstr. 42/1
72074 Tübingen
Tel. 0 70 71-8 75 72

Staatl. Lehrschmiede der Chirurgischen
Tierklinik Leipzig
Zwickauer Str. 59
04103 Leipzig
Tel. 03 41-8 82 73 26

Staatl. Lehrschmiede der Chirurgischen
Tierklinik Berlin
10115 Berlin
Tel. 030-2 89 52 66

Staatl. Lehrschmiede der Veterinärklinik
Gießen
Frankfurter Str. – Am Steg 59
35392 Gießen
Tel. 06 41-7 02 47 42

Staatl. Lehrschmiede beim Tierhygienischen Institut Freiburg
Am Moosweiher 2
79108 Freiburg
Tel. 07 61-1 50 20

Staatl. Lehrschmiede beim Bayerischen
Haupt- und Stammgestüt
Schwaiganger
82441 Ohlstadt
Tel. 0 88 41-4 00 18

Literatur

BARTZ, JÜRGEN: Bis der Tierarzt kommt; Franckh-Kosmos Verlags-GmbH & Co., Stuttgart 1995

COMBEN, H.: Orthopädie bei Huf- und Klauentieren, Band 8, Archiv für Tierärztliche Fortbildung

ENDE, HELMUT: Was fehlt meinem Pferd?; Müller Rüschlikon Verlags AG, CH-Cham 1979

GERWECK, GERHART; SPÄTH, HERMANN: Der homöopathische Pferdedoktor; Franckh-Kosmos Verlags-GmbH & Co., Stuttgart 1993

HICKMAN, JOHN: Der richtige Hufbeschlag; BLV Verlagsgesellschaft, München 1991

KASPER, ARMIN: Hufkurs für Reiter; Franckh-Kosmos Verlags-GmbH & Co., Stuttgart 1994

KÖRBER, H.-D.: Huf, Hufbeschlag, Hufkrankheiten; Franckh-Kosmos Verlags-GmbH & Co., Stuttgart 1997

RÖDDER, FRITZ: Gesunder Huf, gesundes Pferd; Müller Rüschlikon Verlags AG, CH-Cham 1982

RÖDDER, FRITZ: Ohne Huf kein Pferd; Müller Rüschlikon Verlags AG, CH-Cham 1977

RUTHE, H.: Der Huf – Lehrbuch des Hufbeschlages; 4. Auflage, Gustav Fischer Verlag, Stuttgart, New York 1988

SIMPSON, GEORGE GAYLORD: Pferde; Paul Parey Verlag, Berlin 1977

STRASSER, HILDEGARD: Ohne Eisen; Ahnert Verlag, Friedberg 1988

STRASSER, HILDEGARD: Huforthopädie; Beate Danker-Verlag, Friedberg 1991

Register